生态系统视角下
中国对外承包工程企业合规的形成及溢出

王智秀◎著

中国建筑工业出版社

图书在版编目（CIP）数据

生态系统视角下中国对外承包工程企业合规的形成及溢出 / 王智秀著 . -- 北京：中国建筑工业出版社，2025.7. -- ISBN 978-7-112-31187-3

Ⅰ . F426.9

中国国家版本馆 CIP 数据核字第 20256ZP365 号

责任编辑：李静伟　冯之倩
责任校对：王　烨

生态系统视角下中国对外承包工程企业合规的形成及溢出

王智秀◎著

*

中国建筑工业出版社出版、发行（北京海淀三里河路 9 号）

各地新华书店、建筑书店经销

国排高科（北京）人工智能科技有限公司制版

建工社（河北）印刷有限公司印刷

*

开本：787 毫米 ×1092 毫米　1/16　印张：10　字数：187 千字

2025 年 6 月第一版　　2025 年 6 月第一次印刷

定价：**49.00** 元

ISBN 978-7-112-31187-3

（45203）

FOREWORD
前　言

随着经济全球化和"一带一路"倡议的全面推进，中国对外承包工程企业面临着巨大的机遇与挑战。根据工程实践统计，违规和制裁已成为国际工程行业十大风险之一，工程企业如果没有遵循项目适用的法律、法规及相关规则，将会遭受法律制裁及重大财务、商誉损失。国际工程行业历来是合规风险的高发领域，中国对外承包工程所在区域多为发展中国家，诚信合规的大环境不尽理想，中国企业在当地开展业务很难"独善其身"，加之中国对外承包工程企业参与的不少建设工程项目是由世界银行集团、亚洲开发银行等多边金融机构提供融资支持，上述项目的参与企业如果存在腐败、欺诈、串通、强迫、阻碍调查等违规行为则会受到世界银行等机构的制裁甚至多家多边金融机构的联合制裁。中国企业在海外需同时遵守东道国法律、中国监管及国际组织规则（如联合国反腐败公约），而美国等国家的管辖进一步增加了合规复杂度。2013—2025年，被世界银行制裁的中国企业数量呈现逐年增长的趋势，截至2025年3月，世界银行制裁黑名单中27%的主体来自中国，绝大部分为工程建设企业。由于对国际组织规则、项目所在地法律法规不了解、尽职调查不充分，签订合同不严密等问题，中国对外承包工程企业出现了明显的风险敞口，因违反相关规则被"掐脖子"的事例不断涌现。这一现象一方面表明了中国对外承包工程企业的影响力越来越大，受到越来越多的关注；另一方面也反映出许多工程企业在合规意识方面存在不足，未能正确理解竞争与公平的关系，企业的合规管理有待进一步完善。

面对国际逆全球化趋势加剧、地缘政治冲突以及关税战等政策冲击，企业所处的商业环境日益复杂多变，单一企业难以应对多重风险。越来越多的中国对外承包工程企业不再选择单枪匹马，而是以"抱团出海"或通过本土化经营融入东道国产业链中，与当地企业建立生态联盟探索"合作伙伴生态系统"的新型商业模式，力争成员企业资源共享与发挥各自优势，以此为东道国提供和改进基础设施建设和公共服务。生态系统视角强调企业与生存环境之间的互动关系，能帮助企业更好地理解市场需求和不同成员之间的关系，从而更好地适应不断变化的市场环境，实现可持续发展。商业生态系统打破了传统企业之间的边界，通过跨界合作和协同创新，企业可以进入新的市场领域，拓展业务范围。在当下复杂动荡的环境下，从生态系统视角审视中国对外承包工程企业的发展与风险管理，其重要性不言而喻。

国际工程承包领域已然形成一个竞争激烈、规则细密的生态群落。众多同行企业、上下游产业链伙伴、当地竞争对手以及行业协会等各方力量既相互依存又相互制约。然而，生态系统主体多元性易引发合规风险，国际工程生态系统涉及业主、承包商、分包商、供应商、金融机构等多元主体，各主体所处的法律法规环境、文化背景及观念理念存在差异，这导致实施合规面临较大挑战。例如，世界银行制裁名单中涉及的中资企业多因分包商或合作伙伴的不合规行为受牵连。研究合规形成机制可推动生态系统内主体间的规则协同，降低"木桶效应"风险。生态系统视角下的合规研究可帮助企业识别不同规则的交叉点，有助于生态系统成员通过考虑其所处生态系统中各利益相关者的需求和期望，激发成员寻找复杂规则的合规方案，创造友好营商环境。当成员企业严格遵循国际工程标准、合同管理规范、质量安全要求等多维规则，以及重视并明确各利益相关者的需求与期望，得以与生态系统内各主体建立稳固的信任关系，就能构建起强大的项目执行链条，如同生态群落中互利共生的物种组合，保障项目顺利推进。反之，若成员企业出现违规行为，如偷工减料、拖欠当地分包商款项等，这种对生态系统信任基础的破坏，使得企业声誉受损，被合作伙伴孤立，生存空间急剧压缩。

从资源禀赋视角来看，不同企业的生态位（如央企、民企、外企）差异显著，深刻影响着其合规建设的优劣势，例如，央企在融资和政策资源上占优势，在大型项目合规体系搭建、跨境合规资源整合上更具规模效应，而民企虽然缺乏雄厚的政策与资金资源支撑，难以像央企那样大规模投入合规体系建设，在应对复杂国际合规环境时，往往面临合规人才短缺、技术资源匮乏等困境，难以建立完善的合规管理体系，合规能力的可持续性较弱。作为工程项目的供给方，承包企业在生态系统中占据核心地位，如何发挥工程承包企业在国际工程项目生态系统构建、合规行为实施及合规知识溢出中的积极作用是国际工程项目生态系统发展和运行的重要驱动，可通过头部企业的合规示范带动中小企业提升合规水平，缩小生态系统内的能力差距。

　　基于生态系统理论的相关知识，本书首先运用扎根理论解构国际工程项目生态系统的构成要素及关联关系，为理解承包企业在项目生态系统中的功能位置提供理论基础。其次，因为生态位是生态系统研究的基本单元，生态位存在资源效应，会影响企业行为。本书一方面剖析国际承包工程企业生态位差异的形成过程，运用模糊集定性比较分析方法得到国际承包工程企业生态位差异的多重致因路径；另一方面，揭示国际承包工程企业生态位对企业合规行为的影响机理，运用层级回归分析方法进行实证检验。最后，考虑到生态成员知识溢出会带动系统的协同进化，本书探索国际承包工程企业合规知识在生态系统中溢出，运用情景实验方法进行实证分析。

　　本书的研究受到国家自然科学基金资助，为国家自然科学青年基金项目（编号：72301041）、中央高校基本科研项目（编号：2024CDJZCQ-007）的阶段性研究成果。

CONTENTS
目 录

第 1 章

绪 论

1.1　研究背景及问题提出

1.1.1　研究背景

（1）国际形势日益复杂和市场竞争日趋激烈，越来越多的工程企业致力于通过"合作伙伴生态链"的模式来实现转型升级和可持续发展

随着新冠疫情的全球暴发和全球经济与政治格局的深刻变化，全球的产业链和价值链受到全面冲击，国际市场运营环境不确定性日益显著[1-2]。面对全球经济的发展形势和竞争市场的新格局，国际工程承包企业应打造"硬核武器"来突围当前的挑战及筹谋疫情后的发展。为了应对市场环境变化带来的挑战，越来越多的企业意识到单个企业受自身资源和能力的限制，难以快速敏捷地抓住市场机遇，也难以在激烈的市场竞争中生存和发展[3-4]。在这样的背景下，企业依靠自身能力和资源获取的竞争优势不足以支撑企业可持续发展，越来越多的企业意识到这是一个合力才能共生的时代。企业间应组成联盟形成互补与合作的利益共同体，通过资源集结与互惠共生的模式实现共同发展[5]。当前，对于面临转型升级和生存压力下的国际工程承包企业来说，共生进化的发展理念为推进工程企业的转型升级提供了新思路。越来越多的中国对外承包工程企业不再选择单枪匹马，而是以"跨界融合+抱团出海"的合作模式，集结各类资源，打通产业链的上下游，提升投建营一体化能力，为国际工程项目提供综合性服务。"合作伙伴生态链"的新型商业模式将为国际工程承包企业提供新型国际化模式，帮助工程企业建立更多联系，赋能企业将价值传递给全球客户，实现共同繁荣。

生态学的思想应用于经济管理的研究是当前的研究热点，也将成为未来的研究趋势。通过企业竞争优势的演化，学者们深刻地认识到企业之间呈现出类似于自然生态系统的生态学特征，例如结网群居、协同竞争、互利共生等。鉴于商业生态系统理论为企业转型升级和高质量发展提供了新思路，近年来已有不少学者围绕生态系统的功能进行了研究，研究结果表明商业生态系统的构建可以帮助企业实现资源共享[6]、保证资源利用效率[7]、获得互补创新[8]、构建稳定的价值网络[9]、降低交易成本[10]、提升整体竞争优势[11]，从而更好地

注：本书中的"工程承包企业"与"工程企业"表义相同，"生态系统成员"与"生态成员"表义相同。

响应和满足市场和顾客的多样性需求。因此，越来越多的企业正积极与产业链上下游企业构建生态合作关系，通过生态圈赋能企业高质量发展。

（2）国际工程项目各参与方在跨界合作过程中因成员跨地区和跨组织的特点产生的多样化的利益需求和复杂的监管规则，极易引发成员的合规风险

"合作伙伴生态链"的本质是联通价值链多个利益主体，集结各类资源，通过主体之间共享、知识融合进行跨界合作，构建"横向协同，纵向贯通"的新型商业模式。与传统的项目合作模式相比，生态系统合作模式的显著特点是从参与方基于交易型依赖合同约束的合作关系向参与方互利共生、长期共存、多方共赢的生态型合作关系转变。然而，生态型合作关系的建立在增强企业竞争优势的同时，逐渐复杂和精细化的合作网络也给参与者带来一定的风险。生态系统成员由于业务往来、资源依赖或信息共享等形成的相依性使得成员被纳入一个"利益共享，风险分担"的合作体系中。生态成员发生风险事件很有可能沿着关系网络传递蔓延，引发"多米诺骨牌"效应[12]。

现有研究普遍认为国际工程项目是由多个组织共同协作完成建设，具有跨地域、跨行业、跨组织的典型社会网络结构，是开放的社会经济系统[13]。正是因为这样的网络关系，多元主体的跨国背景及差异化的利益诉求很容易导致国际工程项目参与者的合规风险。一方面在国际工程项目建设过程中，参与方需要应对比国内环境更加复杂多变的多维监管体系[14]，包括本国法律法规、东道国法律法规、国际公约以及美国"长臂管辖"和多边开发银行"联动制裁"等。参与方违规一旦被发现，所受制裁非常严重，涉及有形的经济惩罚和无形的社会排斥两方面，具体包括罚款、限制进出口、阻碍融资、取消合作、声誉受损等[15-17]。另一方面，参与方的合规不仅要遵守适用的法律法规或监管规定，还要遵守相应职业操守和道德规范的要求。国际工程项目合作网络关系中，监管主体的多元化很容易产生规则模糊性、关联性、冲突性等问题，这或将成为国际工程项目参与方跨界合作的关键挑战。

（3）国际工程承包企业占据项目合作网络中的关键位置，是工程项目的潜在领导者，在项目参与方关系形成和项目治理中发挥重要的驱动作用

由于工程行业企业之间的合作是以项目为载体，项目就成了各参与方社会合作关系形成的基础。现有研究普遍认为，工程承包企业是工程项目的核心供给方，它在工程项目各参与方建立合作网络关系方面发挥关键作用[18]。针对特定项目，工程承包企业将具备不同

业务背景和技术资质的利益相关方联结起来，形成决策主体统一、合作融合的团队组织，通过合作伙伴间的资源共享和能力优势互补，最终实现资源的优化配置、降低交易费用、提升合作绩效[19-21]。工程管理领域相关研究已经开始关注关键成员在工程项目多个参与方交互过程中及合作关系发展中的重要作用[22]。

作为占据工程项目合作网络中核心位置的参与方，工程承包企业不仅掌握了一些核心资源、信息和技术，而且在各参与方交互合作过程中承担了信息传递和团队代表的重要角色职能[23]。而且先前的研究表明，网络是企业资源交换、信息沟通、合作关系形成、已有关系巩固的重要渠道，企业在社会网络中的位置也会影响其获取资源和机会[24]。在网络组织中，成员的地位及权力不仅会影响其自身的认知和行为，其掌握的知识还会通过合作网络外溢给其他成员，给其他成员的行为也带来一定的影响[25]。在工程项目管理的研究中，学者们已逐渐分析了工程承包企业对风险控制及项目增值等的影响，结果表明，工程承包企业在项目网络中处于核心位置，具有较强的合作能力，他们对项目风险控制[26]、项目成功[27]及社会责任[28-29]等方面都会产生积极影响。因此，工程承包企业在国际工程项目组织间关系形成和项目治理中发挥重要的驱动作用。

1.1.2　问题提出

国际工程项目组织作为一个由众多参与方构成的交织型合作网络，随着关系的不断叠加，参与方之间的合作关系也得到不断加强。工程项目参与方关系网络的构建对提高项目绩效、促进参与方间知识协同进化、合作创新等都有一定的积极影响[30-32]。随着商业生态系统理念在管理经济学中的渗入，越来越多的学者将工程项目看作一个生态系统进行研究，业主、承包企业、国际监管机构、各国政府部门、金融机构、咨询机构、社会公众等多方利益相关者之间以及成员与外部环境之间存在物质、能量及信息的传递，通过相互影响及协同演化来实现互利共生[33-35]。

企业与生物一样都随着时间发展处于不断地进化中，生态成员之间通过物质流、能量流、信息流的联结传导，相互联系、相互制约、共生竞合、动态演化[36]。因此，企业自身的进化和发展关乎整个生态系统，其他企业也会受到影响，这就会产生溢出效应[37]。同样地，生态系统中其他企业的发展和进化也会影响该企业，使得整个生态系统处于相互作用、相互促进的过程中，最终实现生态成员的协同进化和价值共创。已有研究已经将企业的社会责任拓展至生态系统层次，提出了企业社会责任的生态化治理新范式[38-39]。在项目生态系统中，生态成员之间风险共担，某一成员的违规行为将引致整个商业生态系统"受损"，并最终由所有成员共同"买单"。同样地，生态成员之间也能实现价值共创，生态成员的合规知识也会通过生态网络外溢给其他成员企业，从而带动整个项目生态系统的合规进化。

如同自然生态系统中的生物都有各自的功能位置一样，在商业生态系统中，每个企业也占据不同的"生态位"，不同"生态位"的企业各司其职、独立存在，又都与整个系统相互联系、相互作用[40]。生态位是生态系统研究的基本单元，在现有的研究中，企业生态位被定义为企业在商业生态系统中对资源的利用和对环境的适应性情况，并在与其他企业相互作用过程中所形成的相对地位与功能作用，是企业在行业内竞争实力的标志[41]。企业在生态系统中的生态位存在资源效应，会影响企业的行为表现，因此，企业生态位理论为研究企业行为带来了一种全新的视角。

综上所述，虽然国际工程领域对参与方生态合作关系构建的重要性有了清晰的认识，但关于国际工程项目生态系统的相关理论研究还比较缺乏，这在很大程度上导致国际工程项目组织间的生态关系合作开展缺乏理论依据。而且多元主体的跨国背景及差异化的利益诉求产生的合规风险为国际工程项目参与方跨界合作带来了严峻的挑战。虽然合规已逐渐成为学术界研究的热点问题，但企业合规行为是否会受到企业生态位影响的相关研究还未得到学者们的关注与重视。工程承包企业作为国际工程项目的核心建设者，对整个项目生态系统的构建和运行起着至关重要的驱动作用。因此，对于国际工程承包企业来说，如何发挥平台型企业的引领作用，积极打通国际工程项目价值链上下游，集结各类资源，构建项目生态系统，通过自身的合规行为带动整个项目生态系统的合规进化，为项目生态成员发展赋能等相关问题至关重要。鉴于此，本书基于生态系统视角，引入生态位概念，试图揭示国际工程承包企业生态位对企业合规行为的影响机理以及企业合规知识在生态系统中的溢出效应。本书通过解决以下几个关键问题来实现这一目标：

（1）国际工程项目生态系统构建需要包含哪些生态要素及关系？

（2）哪些因素会影响国际工程承包企业在生态系统中生态位的差异？

（3）国际工程承包企业生态位的差异是否会导致其合规行为的差异？

（4）哪些因素会影响国际工程承包企业合规知识在生态系统的溢出？

研究内容之间的逻辑关系为：首先，本书需要构建国际工程项目生态系统的理论模型，识别和分析生态系统的构成要素，并分析要素间的关联关系，为后续研究提供研究情境和理论基础。其次，本书引入生态位概念，在分析国际工程承包企业生态位差异形成过程的基础上，进一步分析国际工程承包企业生态位差对企业合规行为的影响，揭示国际工程承包企业不同生态位是否会影响企业合规行为并进行实证检验。最后，本书基于生态系统协同演化的动态思想，分析国际工程承包企业的合规知识在项目生态系统中的溢出效应，解析项目生态系统成员的合规协同进化机制。

1.2 研究情境及研究意义

1.2.1 研究情境

情境化是在中国进行本土研究的重要因素，有助于探索新理论和新观点[42]。Ullah 等呼吁未来研究应该基于中国视角探究中国企业的战略发展[43]。本书以中国对外承包工程企业为平台企业构建的国际工程项目生态系统为研究情境，以中国对外承包工程企业为研究对象，主要原因如下：

首先，自中国政府推行"走出去"国际化经营倡议以来，中国的国际地位和世界影响力逐年上升。在建筑业领域，"一带一路"倡议的推行为中国对外承包工程的业务发展提供了新引擎，中国工程承包企业在国际市场的业务板块不断拓展，新签项目增长迅速。中国工程企业在国际工程承包市场的份额不断增加，市场地位也实现了大幅提升[44]。在《美国工程新闻记录》Engineering News-Record（ENR）2021 年发布的全球工程承包商排行榜中，中国共有 78 家工程企业入选 ENR 250 强榜单。而且在所有国家上榜 250 强名单的统计中，中国上榜企业数量位列所有国家之最[45]。因此，在探讨国际工程承包企业的发展问题时，以中国对外承包工程企业为研究对象具有一定的代表性。

其次，中国政府推行的"一带一路"倡议的国际化发展愿景与生态系统的商业共同体理念不谋而合，中国为世界倡导构建人类命运共同体，建立互利共赢的合作关系树立了榜样。实践中，中国对外承包工程企业正积极参与全球资源整合，大力实施产业链上企业之间的协同互补，推进国际工程项目的综合服务体系构建，形成了倒逼国际工程项目组织间生态合作关系理论研究的趋势。因此，为更好地推动中国工程企业的国际化发展，开展以中国对外承包工程企业为平台企业的国际项目生态系统研究成为必然选择。

最后，由于中国工程企业的合规管理不够完善，对海外合规风险的管控和应对往往成为其参与国际化竞争的短板[46]。尤其近几年，中国企业频频受到世界组织及美国政府的制裁，这让中国政府及处于国际化竞争中的跨国企业深刻认识到国际贸易环境的复杂及合规经营的重要性[47]。为此中国政府高度重视国际贸易中的合规问题[48]，相继出台了一系列合规管理文件以规范中国企业的国际化发展，例如 2018 年出台的《中央企业合规管理指引（试行）》（国资发法规〔2018〕106 号）以及《中央企业违规经营投资责任追究实施办法（试行）》（国资委令第 37 号）等。部分企业也逐渐从制裁事件中总结经验教训，将合规运营提升到企业战略层次[49]。因此，研究中国对外承包工程企业的合规问题能为中国企业补强合规短板来增强在国际承包市场中的竞争优势提供科学依据。

1.2.2　理论意义

本书的理论意义主要体现在以下四个方面：

（1）通过构建国际工程项目生态系统的理论模型，拓展了国际工程项目价值链参与方合作关系的研究视角

虽然生态学思想在社会科学领域的研究方兴未艾，但其在工程管理领域的应用研究还少有学者关注。本书借鉴生态系统理论，将国际工程项目看作一种特定的生态系统，讨论项目价值链的合作关系，建立国际工程项目生态系统理论模型，并分析该系统的构成要素及要素间的关联关系。研究成果拓展了生态系统理论的应用领域，也为今后国际工程项目相关研究提供了新的分析视角和理论基础。

（2）通过探究国际工程承包企业在项目生态系统中的生态位，丰富了国际工程承包企业在承包市场中竞争优势的度量方法

现有研究对工程企业竞争优势影响因素的概括庞杂且缺乏系统的因果关系验证，在实际应用上缺乏可操作性。生态系统视角下，企业取得竞争优势的来源突破了必须依赖于自身能力或资源这一限制，而将目光转向各利益相关者共同建立的价值平台。本书基于生态位理论，研究国际工程承包企业对资源的利用和对环境的适应性情况，并在与其他企业相互作用过程中所形成的相对地位与功能作用，即企业生态位。研究成果丰富了国际工程承包企业在国际工程承包市场中竞争优势的度量方法。

（3）通过分析国际工程承包企业生态位对其合规行为的影响机理，推进了企业合规行为的驱动研究

虽然现有研究对工程领域的违规行为进行了大量的研究，包括行为的界定、形式、影响因素及形成机理等，为工程行业违规治理提供了一定的指导和帮助。但当下对违规行为治理的研究成果已不能满足如何帮助工程企业更好地实现合规的需要。通过梳理国际工程领域合规的相关研究，发现很少有研究关注国际工程承包企业合规行为的形成机理。本书关注国际工程承包企业合规这一正面行为，基于生态系统视角，从工程企业生态位这一视角出发，分析国际工程承包企业的生态位对其合规行为的影响机理，即回答"在国际工程项目生态系统中占据较宽生态位的工程企业是不是更愿意合规"这一问题。研究成果推进了国际工程承包企业合规行为驱动的相关研究。

（4）通过检验国际工程承包企业合规在项目生态系统的溢出差异，打开了生态成员合规协同进化过程的"黑箱"

虽然现有研究一致认为生态系统成员的协同进化及系统的迭代升级是生态合作关系构建的完善和进阶阶段，是生态系统赋能成员企业提升竞争优势的重要过程。但现有的研究对于生态系统协同进化过程机制的探索还比较缺乏，本书从组织学习的角度出发，研究了国际工程承包企业的合规知识在生态系统成员中溢出效应的差异，揭示了承包企业带动生态成员合规进化的过程机理，打开了生态成员合规协同进化过程的"黑箱"。

1.2.3　实践意义

除上述理论意义之外，本书还具有如下三个方面的实践意义：

（1）为中国对外承包工程企业引领项目价值链主体建立生态合作实现高质量发展提供发展思路

为应对市场环境变化带来的挑战和快速敏捷地抓住市场机遇，国际工程承包企业迫切需要转型升级来实现高质量发展。本书借鉴生态系统理论对国际工程承包企业作为平台企业引领项目价值链主体建立的生态合作关系进行了研究，并提供了国际工程项目生态系统的分析框架。进一步地，本书还探究了在项目生态系统中表征国际工程承包企业相对地位和功能作用的企业生态位，有助于工程企业结合自身条件做出自身生态位定位。另外，本书对企业生态位差异形成过程的分析结果，也可以为工程企业做出生态位调整、提升生态优势提供指导性意见。

（2）为中国对外承包工程企业补强合规短板来增强在国际承包市场中的竞争优势提供科学依据

当前国际工程行业面临的市场环境复杂且形势严峻，为切实保障中国对外承包工程企业的竞争优势及可持续发展，中国工程企业亟需汲取制裁事件教训，加快弥补企业合规管理缺陷和漏洞。本书通过对国际工程承包企业合规行为驱动及合规知识溢出的过程机制进行探索，可以促进工程企业对增强自身合规能力重要性的认识。在突围国际承包市场严苛的监管环境及应对国际竞争对手的"围追堵截"时，国际工程承包企业可通过培育自身的合规风险管控能力、提升企业社会责任履行和商业形象、开拓市场机会的方式提升国际市场竞争力。

（3）为驱动国际工程承包企业合规经营的监管机构实现企业合规生态化治理提供实施建议

随着国际工程项目价值链企业合作关系的生态化，工程企业的合规治理也需考虑上升到生态系统层次。本书从工程企业生态位视角探究了其对国际工程承包企业合规行为的驱动作用，并考察了企业制裁风险感知及生态伙伴合规共同愿景对这一过程的影响。研究结果为监管国际工程承包企业合规经营的规制机构了解合规经营的工程企业生态位特征提供了科学依据，进而可以根据生态位的结构化属性制定有针对性的群体合规监管制度。另外，本书通过揭示工程企业合规在生态系统中的溢出效应，指出了国际工程项目生态系统成员合规对整个系统合规进化的促进作用。研究结果从扩大国际工程承包企业合规知识溢出的角度，为监管机构实现企业合规生态化治理提供了具体建议。

1.3 研究内容与结构安排

1.3.1 研究内容

本书旨在揭示国际工程承包企业在生态系统中的功能位置（生态位）对其合规行为的影响机理及企业合规知识在整个生态系统中的溢出效应。具体研究内容安排如下：

研究内容一：国际工程项目生态系统构成要素及关联关系

该内容旨在运用生态系统理论来研究国际工程项目价值链各方的合作关系，构建国际工程项目生态系统的概念模型。首先，从生态成员及生态环境两个方面系统地分析国际工程项目生态系统的构成要素。其次，通过理论分析构建国际工程项目生态系统要素之间的关联关系。最后，检验和修正得到国际工程项目生态系统构成的概念模型，并解构这一系统的核心内容。

研究内容二：中国对外承包工程企业生态位差异的多重致因路径

该内容旨在构建在国际工程项目生态系统中，工程承包企业生态位差异形成的整合性分析框架。首先，系统识别国际工程项目生态系统中承包企业生态位差异的影响因素。其次，基于"组态视角"指出多重影响因素之间互相依赖，并且可以通过差异化的排列组合来达到多重致因路径的理论思想，揭示国际工程承包企业生态位差异多重条件之间的协同效应，从而构建不同承包企业生态位差异形成的条件和路径。最后，根据得到的企业生态位差异的形成路径，提出承包企业生态位提升的对策和建议。

研究内容三：中国对外承包工程企业生态位对其合规行为的影响

该内容旨在揭示对外承包企业在生态系统中的功能位置（生态位）对其合规行为的影响机理。借鉴企业生态位相关理论研究，首先，构建国际工程承包企业生态位通过企业制裁风险感知的中介作用来影响其合规行为的理论模型。其次，借鉴生态系统的理论观点，研究生态伙伴合规共同愿景在企业制裁风险感知与企业合规行为之间的调节作用。由此确定国际工程承包企业生态位对其合规行为影响的情境干预条件。最后，提出理论假设，进行实证检验，并提出驱动工程承包企业合规行为的建议。

研究内容四：中国对外承包工程企业合规知识在生态系统的溢出

该内容旨在分析工程承包企业合规知识在项目生态系统成员之间的溢出效应。基于共生进化理论指出的进化是动态学习的观点，首先，借鉴社会网络和社会学习理论的观点，分析国际工程承包企业合规知识溢出效应与成员协同进化的关系。其次，根据企业知识在网络中的溢出效应的相关研究，构建国际工程承包企业的合规知识如何溢出给项目生态系统成员的理论模型，并分析影响这一过程的干预机制。最后，提出理论假设，进行实证检验，并提出促进国际工程项目生态系统成员合规协同进化的管理策略。

1.3.2　结构安排

为了实现研究目标，本书共分为7章，内容安排如下：

第1章，绪论。首先，论述了本书的研究背景及问题提出，从国际工程承包企业在复杂多变的国际市场的合作伙伴生态链商业模式出发，结合生态系统理论研究的相关成果，提出了本书所要探讨的研究问题。其次，阐述了本书的研究情境及研究意义，解释了本书情境选择的原因，然后叙述了本书的理论意义和实践意义。接着，对研究所采用的方法和技术路线相关内容进行了介绍。最后，通过梳理已有研究的不足和结合本书的内容，论述了本书的主要创新点。

第2章，理论基础与文献综述。首先，梳理了与本书相关的理论基础，主要包括企业竞争优势理论、商业生态系统理论、资源基础理论及制度理论的核心观点，以及为本书提供的理论基础和研究启示。其次，综述了相关研究现状，包括工程项目组织间的生态关系研究、工程企业生态位的相关研究及工程企业合规行为的相关研究。最后，对现有研究的不足进行系统的评述，并指出已有研究对本书的启示，建立已有研究与本书的关系。

第3章，国际工程项目生态系统构成要素及关联关系。本章旨在构建国际工程项目生态系统的理论模型，为后续章节的研究作理论基础。首先，基于工程项目组织间的生态合作关系构建相关研究的理论观点，通过多样化的数据来源，运用扎根理论来建立国际工程项目生态系统构成要素及关联关系的理论模型。其次，对模型进行详细的解构和内容阐述，为后文的相关分析提供研究基础。

第4章，中国对外承包工程企业生态位差异的多重致因路径。本章旨在揭示工程承包企业生态位差异的过程机制，分析工程承包企业生态位影响因素间的复杂因果关系。首先，基于国际工程承包企业生态位及竞争优势构建相关研究的理论观点，结合文献综述识别国际工程承包企业生态位的影响因素。其次，基于组态思维构建国际工程承包企业生态位差异的解释模型，运用模糊集定性比较分析方法实证检验工程承包企业生态位差异的不同前因构型。最后，对研究结果进行讨论，并指出相应的管理启示。

第5章，中国对外承包工程企业生态位对其合规行为的影响。本章旨在揭示工程承包企业不同生态位是否会对其合规行为产生影响，并引入企业制裁风险感知这一中介变量和生态伙伴合规共同愿景这一调节变量。通过文献综述提出这些变量之间的假设关系，通过问卷调查法获取数据，运用分层回归分析方法进行实证检验。最后，对研究结果进行讨论，并指出相应的管理启示。

第 6 章，中国对外承包工程企业合规知识在生态系统中的溢出。本章旨在揭示工程承包企业合规知识在生态系统成员间的溢出效应。首先，从组织学习视角出发，考虑国际工程项目生态系统中成员学习工程企业合规知识的意愿差异。从国际工程承包企业与生态成员间的社会距离视角切入分析其对生态成员合规知识学习意愿的影响，并考虑制裁事件强度和知识库兼容性在其中发挥的调节作用，建立工程企业合规知识在生态系统溢出的过程机理模型并提出假设。其次，通过情景实验法收集数据并进行实证检验。最后，对研究结果进行讨论，并指出相应的管理启示。

第 7 章，结论、启示与展望。本章旨在对整个研究得到的结论进行梳理和总结，并在此基础上提出未来研究的建议和管理启示，最后指出本书存在的不足与展望。

1.4　研究方法与技术路线

1.4.1　研究方法

（1）文献综述法

文献综述法是对特定问题的相关研究通过文献识别、梳理和总结等过程实现对已有相关研究现状的了解和掌握，为进一步研究提供理论基础。本书在第 2 章对相关理论及相关研究的研究成果和现状进行了梳理，提出现有研究的不足和对本书的启示。另外，本书在各章节内容开展过程中，通过文献综述对相关文献观点进行归纳分类，厘清研究脉络和理论逻辑，并以此为基础构建理论模型和设计研究方案，为后续的实证研究提供理论依据。

（2）专家访谈法

专家访谈法是开展定性研究获取数据的重要方法，通过向具有丰富经验的相关领域的专家获取意见和想法，为构建理论提供可信的数据支撑。本书旨在通过专家访谈法向具有丰富国际工程项目经验的实践人员获取中国工程企业国际竞争力、伙伴关系发展以及生态系统战略的相关实践的意见和想法，以此作为本书分析国际工程承包企业生态系统构建的重要参考。

（3）扎根理论法

扎根理论法是一种质性研究方法，它是对丰富、客观的资料进行科学的归纳和演绎，将客观现象逐步抽象上升为概念和范畴，从而构建理论的实证研究过程[50]。现有研究对扎根理论法的步骤有了统一的认定，方法运用的步骤包括：数据收集、开放式编码、主轴编码、选择性编码及饱和度检验。通过这些结构化的编码过程，逐步实现从数据资料到概念、范畴的抽象化、范畴之间的联系及相关理论的建立。综合现有文献，对于工程行业生态系统的研究尚处于萌芽状态，先前的相关理论不够完善、不能提供清晰的假设，因此，适宜采用质性研究方法建构相关理论[51]。其次，质性研究方法是以客观现实和实施为基础，研究者可以通过对某一现象相关的事实资料进行归纳和整理来建构相关的理论[52]。使用质性研究能够通过充足的信息收集形成对现象的充分了解，并且通过分析过程，建立新的因果关系或形成新的理论。因此，本书试图运用扎根理论法来进行第 3 章国际工程项目生态系统构成要素及关联关系的分析。

（4）定性比较分析法

定性比较分析法（Qualitative Comparative Analysis，QCA）主要用来分析社会现象多个条件变量对结果的共同作用机理，是一种定性定量相结合的分析方法[53]。该方法最初是由美国社会学学者查尔斯·拉金（Charles C.Ragin）提出，该方法是以布尔代数和集合理论为运算基础，能够对某一结果诱发的前因要素的组合效应研究提供方法支撑。该方法的研究思路和主要步骤包括：构建结果变量的条件组态、对变量数据校准、单一条件变量的必要性分析、前因条件组合的充分性分析等。由于模糊集定性比较分析（fsQCA）不仅可以处理类别变量，还可以处理变量的程度变化和部分隶属问题，本书拟采用模糊集定性比较分析方法（fsQCA）进行第 4 章国际工程承包企业生态位差异的多重致因路径分析，探究各前因条件对国际工程承包企业生态位影响的联动作用模式，以明确国际工程承包企业生态位差异的形成机制。

（5）问卷调查法

问卷调查法是一种通过设计、发放和回收问卷来收集数据，以了解人们的态度、行为、意见、感受等信息的研究方法。由于本书聚焦国际工程项目情境，因此调查对象选择具有国际工程项目经验的实践人员来填写问卷。在问卷发放方式上通过多种调查途径，作者所在研究课题组的社会关系，向与国际工程项目相关的微信群以及其他国际工程项目实践人员等推荐的方式，采用"问卷星"形成的调查网络链接，通过微信及电子邮件等方式进行在线发放。本书旨在通过问卷调查法获取国际工程项目实践一手资料，以检验本书的理论模型。

（6）层级回归分析法

层级回归分析法是一种验证变量之间因果关系的统计分析方法，所谓的层级指的是多个解释变量之间的层次顺序，一般是按照解释变量之间的关系及其对被解释变量影响的顺序进行分层。因此，需要单独检验某个解释变量对被解释变量的独立贡献值，需要控制其他可能的解释变量[54]。该方法的基本思想是利用逐层回归分析，设立多个回归模型，在每个模型中设立相应的解释变量和被解释变量，根据回归分析结果比较多个模型所解释变异量的差异，包括显著性水平和对模型的解释值，从而检验变量之间的因果关系。如果一个模型中没有包含该变量，而在另一个模型中加入该变量后，该模型对结果的解释量实现了显著性的提升，那就说明该变量对结果变量会产生显著的影响。基于这些分析，本书拟采用层级回归分析方法来检验第 5 章提出的工程承包企业生态位对企业合规行为影响的理论模型。

（7）情景实验法

由于道德决策的敏感性和保密性，很多现象很难直接观察，许多实证研究倾向于通过情景调查收集数据，以模拟工作场所人员遇到的现实问题[55-57]。因为在情景实验中参与者可以将自己投射到这些具体情况中，也愿意在匿名调查中为特定问题提供准确信息[58]。该方法需要关注的两点是，首先，需用 t 检验分析方法对情景实验设置和操纵的有效性进行检验；其次，运用方差分析方法对不同情景下结果变量的差异进行显著性分析。最后，得到条件变量和结果变量之间的因果关系。考虑到学习意愿是决策主体微妙的心理活动，本书采用情景实验的方法进行第 6 章国际工程承包企业合规知识在生态系统中的溢出效应分析。本书模拟了一个工程承包企业在国际工程项目建设中因违反了东道国的相关法律法规被制裁的事件。参与情景实验的被试者被要求扮演国际工程项目生态系统成员企业中风险控制部门经理并从事多年国际工程业务的角色。通过情景实验的描述，回答相关问题。

1.4.2 技术路线

本书的技术路线如图 1-1 所示。

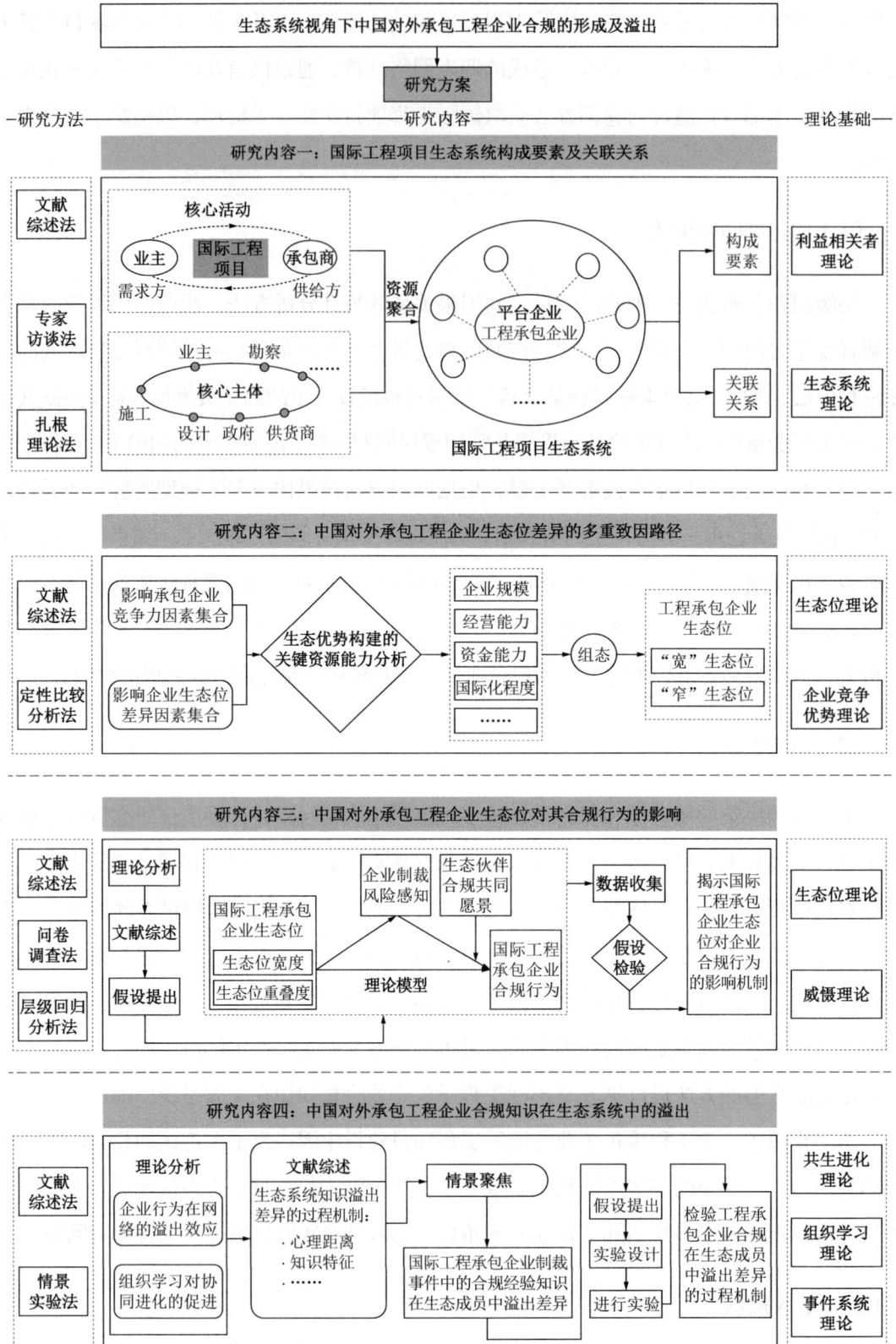

图 1-1 技术路线图

1.5 本书的创新点

本书的创新点具体体现在以下三个方面：

（1）本书构建了国际工程项目生态系统，明晰了项目生态系统的形成及内部运行机制，延伸了项目组织间关系构建方面的理论和研究

工程项目组织间的生态关系日益受到学者的关注，但已有研究对项目生态系统的分析还基本停留在概念表象层面，这导致工程项目组织间生态合作关系的建设和发展还缺乏一定的理论参考。本书基于生态系统思想，构建了国际工程项目生态系统的理论模型，并进一步解构了项目生态系统的构成要素及要素间的关联关系，明晰了国际工程项目生态系统的形成及内部运行机制。本书强调国际工程项目作为载体为各参与方搭建的重要价值平台，拓展了国际工程项目各参与方的合作关系边界，延伸了项目组织间合作关系方面的理论和研究。

（2）本书引入生态位概念，基于组态思维揭示了国际工程承包企业生态位差异形成的多重路径，并探究了企业生态位对企业合规行为的作用机理，推进了承包企业合规行为生态化治理的相关研究

现有研究对合规护航企业行稳致远的观点形成了统一的认识，学术界对企业合规的探讨也从概念研究逐步过渡到作用机制研究，但生态系统发展理念下企业合规行为的生态化治理模式还未得到研究者的关注。本书基于生态位在生态学领域的重要作用，对国际工程承包企业生态位差异的形成过程进行了组态效应分析，揭示了承包企业生态位差异形成的多重机制，并进一步探究了国际工程承包企业生态位对企业合规行为的作用机理。本书强调承包企业合规行为的生态化治理不仅要驱动企业生态位提升，还要加强生态伙伴合规共同愿景目标的建立，这推进了承包企业合规行为生态化治理的相关研究。

（3）本书基于知识溢出促进生态系统协同进化的思想，揭示了国际工程承包企业合规知识在生态系统中的溢出差异机制，丰富了生态成员合规协同进化的过程机制研究

虽然现有研究强调生态系统的优势是生态成员价值共创及协同进化，但目前对生态系统成员协同进化的相关研究还比较少，关于生态系统成员协同进化的过程机制还处于理论

"黑箱"状态。考虑到知识资源在生态成员的协同进化中起重要的作用，生态成员之间的知识溢出和组织学习能够促进生态成员的协同进化。本书从知识溢出效应出发，揭示了国际工程承包企业合规知识在生态系统中溢出效应差异的过程机制，打开了生态成员合规协同进化过程的"黑箱"，丰富了生态系统成员合规协同进化的过程机制研究。

第 **2** 章

理论基础与文献综述

2.1 理论基础

2.1.1 企业竞争优势理论

企业如何在市场竞争中获取竞争优势以实现生存和发展一直是战略管理领域研究的热点问题。企业竞争优势是指与竞争对手相比，企业所拥有的能够帮助企业创造价值和战胜竞争对手的战略优势和有利条件[59]。需要注意的是，由于市场环境处于不断变化中，企业竞争优势不是一成不变的，特定的竞争优势持续的时间也是不可预测的[60]。因此，企业竞争优势理论也在不断地发展和完善[61]，企业获取竞争优势的战略主要经历了以下四个阶段：资源基础战略、核心能力战略、合作竞争战略、互惠共生战略。

（1）资源基础战略

在早期的研究中，企业竞争优势主要基于资源观等理论展开研究，这个阶段的理论思想是从企业拥有的异质性资源着手。资源被定义为企业所拥有的并能够将其用于产品生产和效率改进的所有资金、能力、流程、信息、知识及企业特性等。值得注意的是，并不是所有的企业资源都能带来竞争优势，Barney 认为企业的竞争优势在于企业拥有的价值性、稀缺性、难以模仿性和难以替代的资源[62]。这四个对资源描述的条件，给企业获取竞争优势提供了途径，也为后续资源基础观的相关研究奠定了基础。

（2）核心能力战略

核心能力战略是资源基础战略的继承和发展，这个阶段的理论思想打破了资源基础观的静态假设，是对该理论更深入的探讨，包括两个重要的分支：企业核心能力和企业动态能力。企业能力是指企业拥有的专有知识体系和生产技能，是企业通过长期的学习和积累而成，具有稳定性。核心能力战略认为企业拥有的特质且不易被外部模仿和获取的专有知识体系可以为企业带来竞争优势[63]。后来，Teece 对这一理论进行了发展，提出了动态能力理论，认为企业需要不断更新自身的能力以应对不断变化的环境，因此企业竞争优势来源于企业的动态能力[64]。

（3）合作竞争战略

随着市场竞争的日趋激烈和市场需求的多元化发展，企业意识到单凭企业自身有限的资源和能力难以满足市场的需求，而且难以应对市场环境不确定性增加带来的风险。因此，这个阶段的理论思想认为企业如果想在变化的环境中生存和发展，就需要与其他企业合作，将自身的优势与其他企业的优势进行结合，共同实现价值和分享利益。合作竞争战略打破了传统的以打败竞争对手为目的的市场竞争方式，强调企业应充分利用其他企业的优势来扩大自身的资源边界，通过资源和能力的互补实现生存和发展。

（4）互惠共生战略

随着可持续发展理念和人类命运共同体倡议的提出，人与自然的和谐相处逐渐被诸多领域进行研究探讨。互惠共生的理念来自于生物学，该理论思想认为在特定的区域内，企业的发展不能以实现企业绩效为目标，而应该考虑到其所嵌入的自然环境和市场环境，企业与环境是相互影响、共同演化的。商业生态系统理论就是基于互惠共生的理念提出的，该理论认为在商业生态系统中企业之间存在互惠共生的生态关系，单个成员企业的发展会影响其他企业以及生态环境的变化。在商业生态系统中，成员通过资源共享共同建立价值平台，在实现自身发展的同时也会带动整个生态系统的进化，这种新型的商业模式也是企业当前发展的趋势[65]。

以上理论观点给本书带来了一定的启示，从企业竞争优势理论发展的四个主要阶段可以看出，企业竞争优势从企业短期、有形的资源逐渐转移到企业持久、无形的能力，企业与竞争对手和外界环境的合作和联系也在不断增强，企业竞争优势突破了自身条件的限制，转向通过与其他企业和外部环境建立价值平台实现共同发展。本书从生态系统视角对国际工程承包企业进行研究，顺应了当下互惠共生战略的企业竞争优势构建机制，这也为国际工程项目参与方之间的生态合作关系构建提供了理论基础。

2.1.2 商业生态系统理论

英国生态学家 Tansley 认为在一定的区域内，生物及无机环境通过物质循环、能量传递等相互作用构成一个有机的整体，他将其称为生态系统。随着人们对生态系统认识的不断深入，发现人类社会与自然生态系统存在很多相似之处，因此生态系统的理念被逐渐引入社会科学领域。1993 年，保罗·霍肯（Paul Hawken）首次提出"商业生态学"的概念，并提出战略管理要打破传统的以行业划分的理论架构，应利用生态学的思想去研究商业活动。

同年，詹姆斯·弗·穆尔（James F.Moore）首次提出"商业生态系统"的概念[66]，他指出市场上的企业为了生存和发展应有意识地与相关企业和外界环境形成一个有机的商业生态系统，每个成员最终都要与整个商业生态系统共命运。Moore 把商业生态系统定义为"商业生态系统是一种由客户、供应商、主要生产商、投资商、贸易合作伙伴、标准制定机构、工会、政府、社会公共服务机构和其他利益相关方等具有一定利益关系的组织或群体构成的商业动态结构"，从此奠定了商业生态系统的理论基础。

商业生态系统主要强调市场中的组织之间以及与周围环境共同组成一个有机的整体，各生态成员之间通过相互影响和相互依赖可以创造出单一成员无法实现的价值[67-68]。概括地讲，商业生态系统包含四个核心要素，分别是：①生态成员共同希望实现的价值主张和需要实施的具体行动；②从事该行动的所有参与要素；③各参与要素在活动过程中的角色和功能；④各参与要素之间的联系[69]。商业生态系统的核心特征包括系统性、资源共享、共同演化与价值共创[70]。具体来讲，商业生态系统是一个包含多要素的经济联合体，由于要素之间存在物质循环、能量转换和信息传递，因此整个系统是一个动态关联的组织[71]。另外，商业生态系统为所有成员搭建了一个共享平台，通过成员之间的合作共生实现资源共享和价值共创[72]。这体现在生态成员之间通过生态网络不仅可以实现优势互补，获取到自身所需要的资源，提升企业的竞争优势[73]，而且生态成员之间的紧密合作也降低了交易成本，实现了绩效提升，此外生态合作网络还为其他市场机会的获取和潜在的知识转移和获取提供了可能性。这就表明商业生态系统的价值在于各生态成员可以实现整个商业生态系统中资源的合理调动与配置[74-75]。最后，商业生态系统成员的相依性可以实现成员的共同演化，任何生态要素的变动都会波及其他生态成员和生态环境，成员之间存在"一荣俱荣、一损俱损"的关系联结[76]。在共同演化的作用下，各生态成员在自我发展的同时需要密切关注其他生态成员和生态环境的变化，各生态成员对整个生态系统的健康发展均需要承担共同责任[77]。

根据关注重点不同，商业生态系统研究分成两个流派，一个分支是聚焦生态系统结构，这一流派主要是以学者 Adner 等为代表，他们主要集中于生态系统的结构研究，以相互依赖的生态价值活动为中心，研究生态要素之间如何通过相互作用实现价值创造和获取[8, 78-82]。而另一分支是以生态成员为中心，他们把生态系统看作一个隶属结构，主要研究生态成员在系统中的功能位置及具有的独特优势[6, 78, 83-85]。

该理论给本书带来的启示在于，商业生态系统理论以生态学类比的视角描述了市场经营活动中企业之间以及企业与外部环境之间的共生关系，这为本书在当前背景下重新认识国际工程项目参与方间互利共生的关系提供了全新的视角和重要的理论基础。

2.1.3 资源基础理论

资源基础理论是战略管理领域研究组织间关系的重要理论，该理论认为由于组织受到自身资源的限制，它们需要从外部环境或其他组织处获取互补性资源以实现组织的生存和发展[86]。这些资源不仅包括原材料、资金、技术、人才等有形资源，还包括管理、服务等无形资源。资源获取和交换是组织之间或组织与外部环境之间形成依赖关系的关键，这种依赖可能是对称的也可能是非对称的[87]。在不平等的资源依赖关系中，处于资源弱势地位的组织会受到资源强势地位组织的控制和影响，因此，组织会尽力摆脱对外部资源的过度依赖[88]。这也强调了组织的主观能动性，组织可以通过采取措施来避免其他组织的牵制，例如积极寻找替代资源等。资源依赖理论及其相关观点自提出之后，过往的研究常用它来解释组织之间的竞争与合作关系。组织置身于环境中，为了实现生存和发展，组织一方面需要加强与外部环境及其他组织的合作关系来获取自身所需的资源，另一方面也要在合作过程中不断地壮大自己，以减少其对环境和外部组织的过度依赖。

随着资源依赖理论的发展，也衍生出了一些新的资源基础理论，其中资源拼凑理论和资源编排理论是最重要的两个分支。传统的资源基础理论强调企业只有拥有和控制一定的资源才会取得持续的竞争优势，但无法解释有些组织在缺乏相关资源的情况下却也能生存和发展的相关问题。为了解释这一现象，资源拼凑理论应运而生，该理论提出"资源拼凑"的概念，并将其描述为一种能让组织在资源不足的情况下得以生存和发展的能力，该理论认为组织可以通过对现有资源的拼凑和重组，发挥资源的独特价值来应对新的挑战[89]。该理论强调资源的价值取决于其使用的目的和实现的功能，如果将资源重新组合并用于与预期不同的目的，可能会形成资源新的价值，从而推动组织创新。资源编排理论是用来解释传统的资源基础理论无法解释的关于拥有相同资源的组织竞争优势存在差异的问题。资源编排理论打开了组织资源到竞争优势的过程"黑箱"，该理论提出资源创造价值的管理流程，即从组织构建资源组合到组织通过资源捆绑形成能力再到组织利用形成的能力来创造价值这三个阶段[90]。

以上理论观点给本书带来了一定的启示，国际工程项目建设需要由多元主体共同协作完成，由于专业化分工、地域限制及制度、政策的影响，各参建方在项目实施过程中需要得到其他参与方的信息、技术、资金等多样化资源的支持才能开展工作、完成项目，各参与方之间存在资源依赖关系。以上这些资源基础理论与生态系统理论有一定的相关性，生态系统强调成员之间通过资源整合可以实现价值共创，这离不开成员的资源拼凑和编排能力，这为本书基于生态系统视角开展国际工程项目组织间关系的相关研究提供了一定的理论基础。

2.1.4　制度理论

制度理论认为制度是影响组织行为的重要机制，制度被定义为"人为设计的规则、规范以及信仰，用以约束或规范参与者行为，使社会生活变得可预测且有意义"[91]。制度的作用在于通过界定法律、规范、道德与文化的边界对行动者的行为产生制约，通过共同制度来区分社会中行动者的合理行为和不合理行为，并对行动者越界的行为做出惩罚[92]。同时，制度还有一个重要的功能，就是制度对行动者的行为选择具有支持和使能作用，它可以引导行动者做出正确的行为选择，而且还可以为其提供一定的支持和激励[93]。制度理论认为组织的行为是在正式制度及非正式制度的作用和影响下的结果，强调制度与组织之间的交互。

需要注意的是制度存在多元化，即组织在某一时段可能会同时嵌入独立的、碎片化甚至是相互竞争的多元制度共存和混合的逻辑中,这会产生制度体系之间的潜在冲突和矛盾。多元化的制度逻辑可能会产生制度逻辑之间的不兼容、竞争和冲突等复杂关系，构成制度复杂性，对组织提出了多重制度要求，给组织带来了巨大的挑战[94]。为了获取制度合法性和核心资源，组织需要同时遵循多元制度逻辑对组织提出的要求。为了探究组织对制度逻辑的反应策略，Oliver 的研究指出组织应对制度复杂性的行为响应可以分为五种策略，包括遵守、妥协、回避、反抗以及操纵[95]。现有的研究对制度理论在规范组织合规方面的重要性已经得到了诸多学者的认可[96]，因此，制度理论为组织合规或违规的相关研究提供了重要的理论基础。

制度理论与商业生态系统理论的融合也逐渐得到学者们的关注，有研究指出，生态成员之间价值观和信仰等的共鸣为商业生态系统的形成奠定了基础，这些理念、愿景及价值判断构成了商业生态系统的制度[97]。由资源整合将参与者聚焦起来形成商业生态系统，通过共同的制度理念和愿景将生态成员联系在一起，进行综合服务和价值共创。生态系统中的制度能够对生态成员的行为产生约束，这也是商业生态系统得以运行和调节的基础。

该理论给本书带来的启示在于，在国际工程项目建设中，跨区域和跨组织的各参与方面临着由法律法规、规范和文化价值观等差异带来的制度差异，这给参与方带来了严峻的合规挑战。本书通过借鉴制度理论的相关观点，可以对国际工程项目各参与方面临的多元化的制度差异有清晰的了解，这为理解承包企业合规的内涵提供了理论依据，从而可以更科学地开展国际工程承包企业合规行为研究。而且本书从生态系统视角下对国际工程承包企业的合规行为进行了研究，聚焦国际工程项目生态系统的制度情境，也进一步推进了制度理论和生态系统理论的融合，为国际工程项目生态系统的制度研究与实践提供参考。

2.2　文献综述

2.2.1　工程项目组织间的生态关系研究

随着生态系统理论的发展，生态学理念已得到多个行业的关注和研究。近年来，工程管理领域的专家学者也逐渐开始运用生态学视角去研究工程行业中的问题，目前已取得了一些研究成果。概括地讲，主要包括工程行业生态系统的构建和生态学视角下的工程管理两个方面，下文将对这两方面的内容进行介绍。

（1）工程行业生态系统的构建

工程项目的建设需要大量的原材料投入和众多利益相关者的参与，可以被看作一个特定的生态系统。为了更好地分析工程项目生态系统中各要素之间的作用关系，周红等提出了工程项目生态系统的概念，建立了工程项目生态系统的理论框架，并依据生态学基本原理，结合工程项目系统本身的特点，对工程项目生态系统的组成及其层次结构、原则进行了详细的分析[33]。建设工程项目生态系统是由非生物环境（工程项目）和生物成分（组织实施工程项目的团队）共同形成的组织群落，是建筑市场生态系统的重要组成部分[98]。进一步的，还有学者等将生态学原理应用于大型公共工程项目系统研究，指出其是由大型公共工程组成的项目生态种群与其所在项目群落环境、社会环境、自然环境相互作用形成的一个相对稳定的有约束条件的生态系统[99]。

还有学者对以工程企业为核心主体的生态系统构建进行了研究，例如杨玄酯等以中国水电工程企业为研究对象，基于生态位视角，构建中国水电工程企业"走出去"的商业生态系统图景，并对各利益相关者间进行了生态关系的拟合[34]。赵振宇和姚佳慧构建了国际工程承包企业生态系统模型，并分析了企业生态系统模型中各组成部分之间的相互影响、相互作用关系[100]。陈勇构建了以建筑工程总承包企业为核心的生态系统，指出该生态系统包括核心层、扩展层、支持层、环境层四部分要素[101]。

此外，还有一些学者考虑更高层次的工程行业、产业、城市生态系统的建立，例如石莎莎等依据生态学的基本原理，结合基础设施产业的特征，构建了基础设施产业生态系统[102]。杨英楠等基于生态系统理论构建了 BIM 生态系统的理论模型，探讨了 BIM 生态系统的形成动因[103]。江妍等建立了林业 PPP 项目生态系统，指出 PPP 项目中各参与方通过融资、建造、运营等各个环节相互作用合作，表现为相互依存的"共生关系"[104]。毛超等在构建建筑工业化产业生态系统模型的基础上，以北京、上海为例，采用 Lotka-Volterra 模型分析了中国建筑工业化生态系统形成的各阶段发展状态[105]。Jiang 和 Wu 等研究建立了装配式住宅生态系统的理论模型，并分析了生态成员之间的战略联系[106]。谭劲松等以中国轨道交通装备产业为研究对象，从架构者及其战略行为视角对中国轨道交通装备产业创新生态系统的形成和演进进行了深入分析[35]。曾赛星等研究了重大工程创新生态系统，指出重大工程创新生态系统具有多主体共生竞合、多阶段交互演化和跨项目动态迁移的特征[107]。唐震等基于创新生态系统理论，提出中国水电工程技术标准生态系统的发展建议[108]。

综上所述，生态系统理论的应用领域越来越广泛，但生态系统的理论边界需要与行业特征进行结合[109]。目前将工程领域和商业生态系统二者结合考虑的研究还属于新兴领域，相对于其他行业而言，与生态系统的融合相对滞后。已有研究对工程行业生态系统的构建从不同层次进行了研究和分析，整体来讲，不仅可以从项目层面进行生态系统的构建，还可以核心企业为主体进行企业生态系统构建，甚至可以聚焦到某一技术、领域、产业等情境构建相应的生态系统。

（2）基于生态学视角的工程管理相关研究

随着生态学理念在工程管理领域中的渗入，越来越多的学者意识到传统工程管理受到了严峻挑战。传统的工程管理过程注重项目履约绩效目标的实现，一旦各参与主体完成了合同约定的任务，就认为其实现了项目预期的目标。因此，工程管理的范畴很难跨越项目的建设期，各参与方对项目的认识较为短视，基本只关注单个项目阶段的价值创造活动，忽视了工程项目完成后产生的长期价值，也很少关注项目为各参与方搭建的合作平台[110-111]。甚至有研究指出，如果项目的需求无法上升为企业、城市、区域乃至国家层面，就很难真正实现项目的价值[112]。

工程管理领域的专家学者逐渐将生态系统的相关理论应用于工程管理研究中。例如，陆彦等对生态学在工程项目管理中的适用性进行了分析，提出了工程项目生态活力的概念，指出生态学理念可以激发工程项目的生态活力[113]。衡孝庆和谭清美的研究认为工程项目生态链管理模式是使工程项目各参与者在项目建设过程中沟通、协调等活动高效、有序进行的前提条件[114]。王作功等将生态系统理论运用到项目风险管理研究中，分别构建了基于生态系统的项目风险评价、风险预警和风险应对子系统[115]。蒋芸杉等将生态系统理念应用到工程项目信息管理的研究中，并提出了基于生态理论的工程项目信息管理策略[116]。黄松苗的研究表明生态系统管理思路可以助力海上风电项目各元素之间实现最优平衡，能降低投资成本、减少开发风险、提升项目效益，还能提升海上风电场开发的抗风险能力[117]。苏振民等研究将生态学的共生理论应用到 PPP 项目的风险分担和利益分配的研究中，提升了项目的治理效率[118]。申宇等借鉴生态学理念构建海绵城市生态网联盟，对基于海绵城市项目管理的运作理念及全过程工程咨询运作展开研究[119]。孙宝来的研究指出，总承包企业通过提供价值共享平台，以自身能力为基础撬动项目生态圈，借助资源/能力，可以提高合作伙伴的积极性来创造价值[120]。Pulkka 等研究指出，将生态系统概念与建筑行业的创新与价值创造联系起来，有助于理解建设项目中各个参与者之间的相互关系[121]。

综上所述，随着生态系统理念在工程行业发展中的渗入，工程企业竞争优势已经不再局限于其自身的发展，而是与其他企业联盟组成互补与合作的利益共同体，构建良好的项目生态系统，实现共同发展。生态系统作为一种新型的管理模式，它能为各生态成员提供一个开放、共享、互利共赢的价值平台，可以加强各生态成员之间的联系，使各成员在一个互惠共生的系统中实现协同发展和价值共创。因此，将生态系统的发展理念应用到工程管理中，不仅可以优化工程各参与方的资源配置，提升项目的整体价值，而且通过生态网络的联系可以帮助各参与方实现协同发展和价值共创。然而生态系统的发展理念"互惠共生"意味着成员之间的风险共担，某一成员的违规行为将引致整个商业生态系统"受损"，并最终由所有成员共同"买单"，因此，生态成员的合规关乎整个项目生态系统的健康运行，成员合规行为的治理需要上升到生态化层次。随着互惠共生、互治共荣的生态思想在企业战略制定中的渗入，已有研究已经将企业的社会责任拓展至生态系统层次，提出了企业社会责任的生态化治理新范式[122-123]。但如何运用生态系统理念对国际工程项目各参与方在跨界合作过程中合规风险的生态化治理范式进行研究还未得到学者们的关注与重视，需要对这一理论空白进行补充和完善。

2.2.2 工程企业生态位的相关研究

（1）企业生态位概述

1）企业生态位的内涵与特性

生态位的概念源于生物学，是指生态系统中的某一物种，在一定的时间、空间中所处的位置以及该物种与其他物种间的功能关系与相互作用。生态位的内涵经历了不断的演化与发展，但学术界最具影响力的观点通常被总结为以 Grinnell 为代表的"空间生态位"[124]、以 Elton 为代表的"功能生态位"[125-126]及以 Hutchinson 为代表的"多维超体积生态位"[127-128]。

如同生态圈中的生物都有各自的"生态位"一样，企业在商业生态系统中也具有自身的功能作用，占据着特定的生态位。1977 年，Hannan 和 Freeman 首次提出企业生态位的概念，并将其定义为企业在市场环境中占据的多维资源空间[129-131]。后来，学者们对这一概念又进行了完善和补充，形成了一个比较统一的定义，即企业生态位是企业对市场资源的利用和对环境的适应情况，并在与其他企业相互作用过程中所形成的相对地位与功能作用[132-134]，是体现企业在行业内竞争实力的标志[41, 133]。实际上，在复杂的社会经济环境中，企业之间相互联系的本质是企业生态位之间的交互和作用，由此形成了性质不同和功能有别的企业种群[134]。需要注意的是，虽然生态位的概念来源于生物学，生物生态位的基本原理适用于企业生态位的研究，但两者还有一些差异，具体见表 2-1。

企业生态位和生物生态位的差异   表 2-1

差异	生物生态位	企业生态位
构成主体	在理论上是物种，在实践中是种群	企业个体，也可以是具有很大相似性的某一类企业
生态位形成	被动，自然选择	主动，市场竞争
稳定性	比较稳定	相对不稳定
遗传	基因遗传	企业惯性
环境选择	主动性不强	能动选择

从表 2-1 的内容可以看到，企业生态位与生物生态位在构成主体、生态位形成、稳定性、遗传及环境选择方面存在不同之处。这种差异的形成主要源于企业与生物进化的区别，生物进化强调自然选择，而企业的进化除了受市场环境的影响之外，企业还具有主观能动性。企业可以通过采取一些措施去适应环境，这就使得企业的生态位可以通过主观能动性进行自我调节，因此企业的进化历程比较短，这也使得企业生态位稳定性相对比较差。

2）生态位的维度划分

生态位是一个多维的概念，现有的研究将生态位的维度划分为生态位宽度和生态位重叠度两个维度[135-136]。生态位宽度反映了主体对资源占有和利用的范围和数量，而生态位重叠度反映了不同主体对同一资源占用情况的相似和共享程度[137-140]。一般来讲，企业生态位越宽，表明企业对环境中资源占有和利用的范围和数量越大，对环境的适应性也越强；生态位重叠度越高，表明不同企业之间在使用相同的资源方面具有较强的共享性和较高的相似性，会引起比较激烈的市场竞争[40,134]。在现实中，不同企业的生态位或多或少存在重叠，企业生态位的重叠是市场产生竞争的主要原因。因此，在资源有限的环境中，为了实现共存，企业之间应该降低生态位重叠度，实现生态位的分离，减弱竞争强度[134-141]。由此看来，企业生态位不是一成不变的，它会随着时间和外界环境或者其他企业的变化发生变迁，这一过程实质产生了企业对资源空间占据的变化，发生了企业生态位变化[142-143]。这是因为，企业要生存就需要占有和使用大量的资源，企业之间对同一资源的共享会引起企业生态位的重叠，进而会导致企业之间的竞争。在竞争过程中，竞争能力强的企业战胜竞争能力弱的企业，迫使竞争能力弱的企业退出该资源市场，这也会促进企业生态位发生改变。因此，企业要想在市场环境中维持生存和发展就需要占据合适的生态位，而且需要能动地应对环境的变化，保持对资源占有和适应的灵活性，保持持续的竞争优势[144-146]。

（2）企业生态位差异的影响因素研究

企业生态位的核心思想强调了企业对市场资源环境的占用和适应，描述和表征了企业的生态优势[147]。因此，对影响企业生态位的因素进行系统研究，可以帮助企业明确生态位调整的方向，从而为企业进行生态位优化提供依据。目前，已有一些学者探究了企业生态位的影响因素，例如 Baum 和 Mezias 的研究认为企业生态位会受到企业规模、产品价格和地理位置这三个因素的影响[148]。Mcpherson 的研究表明，企业生态位的优化可以通过提升企业能力与客户关系管理来实现[149]。钱辉的研究指出，企业所处的地理位置、企业的资源需求、企业技术、企业制度等方面的属性会产生企业生态位差异[150]。刘洪德和史竹青的研究表明，企业所处环境和企业自身因素共同决定了企业生态位，这不仅包括法律政策、经济环境、制度环境，还包括企业的技术、人力创新能力等[151]。类似的，俞敏认为企业生态位的影响因素包括商业环境和企业自身能力[152]。王宇露的研究认为企业生态位的差异来自于企业需求、资源以及环境的影响[153]。还有一些研究指出，地理位置、资源、需求、技术、制度、竞争状况、创新网络等是影响企业生态位的主要因素[41,154-155,226]。从以上内容可以看到，现有研究对企业生态位差异影响因素方面没有形成一套系统的框架和理论体系，这使得企业生态位调整缺乏理论依据。

（3）工程企业生态位的相关研究

国际工程承包企业生态位被定义为国际工程承包企业在国际承包市场中占据的多维资源空间[156]。为了进一步解释这一概念，学者们从生态位的两个维度，即生态位宽度和生态位重叠度，定义了国际工程承包企业的生态位。国际工程承包企业生态位宽度描述了企业在国际承包市场上资源分散的区域和产品差异，企业在国际承包市场参与的区域或产品越多，表明其生态位就越宽。国际工程承包企业生态位重叠度描述了国际工程承包市场中企业之间资源占用的相似性，估计了企业之间在地理和产品维度上的资源竞争关系。当不同的企业在共同的市场中占据相同的资源时，表明它们的生态位重叠，意味着激烈的竞争，反之亦然。

目前有学者围绕国际工程承包企业的生态位做了一些探索性研究，例如 Yang 和 Lu 等建立了国际工程承包企业生态位的分析框架，包括生态位宽度和生态位重叠度，这可以反映国际工程承包企业在国际承包市场上的资源利用效果，并证明了生态位与企业绩效之间的 U 形关系[157-158]。鲁娜和林艺馨基于生态位理论，对 ENR 数据库中的一些中国对外承包工程企业的生态位进行了测度，研究结果表明，企业生态位比较窄，很多企业的业务过于集中在传统的领域[159]。赵振宇和汤超提出了国际工程承包企业生态位宽度及生态位重叠度的测量方法，他们建议根据 ENR 中企业在不同区域或产品的营业额来测算[159]。同样地，赵振宇和郭小菱的研究指出如果多家企业在某区域或业务领域上的营业额比较接近，则意味着它们的生态位重叠度比较高[160]。

总的来看，国际工程承包企业生态位反映了企业在国际工程承包市场中的资源占用及竞争位置。对国际工程承包企业生态位的研究有利于企业对其在国际工程项目生态系统中的功能位置和竞争状态做出评价与定位，这对提高工程企业在国际承包市场的环境适应能力和竞争优势具有重要的意义。

2.2.3 工程企业合规行为的相关研究

（1）企业合规的内涵

"合规"的概念产生于 20 世纪 30 年代美国银行业的监管，当时合规被视为金融机构防范风险的常规制度。直至20世纪70年代，随着美国军工企业通过行贿手段获取海外订单的丑闻事件曝光，合规作为一种反贿赂行为的风险防范措施被诸多政府和企业用于制度建设，避免贿赂行为的发生。例如1977年美国国会制定了《反海外腐败法》、2005年巴塞尔银行监管委员会发布了《合规与银行内部合规部门》、2010年经济合作与发展组织发布了《内部控制、企业道德及合规最佳实践指南》、英国2011年通过了《反贿赂法》以及法国2016年通过了《萨宾第二法案》等以法律文件的形式确立了合规的标准和管理方式，这推动了企业合规制度的制定和实施。2014年，国际标准化组织（ISO）发布了《合规管理体系指南》，以国际法律的形式努力促使合规管理从金融机构的内部管束制度逐渐成为泛企业化的常规管理方式。但这些法律所强调的反商业贿赂的合规制度一般被称为"狭义的合规"。随着近20年合规制度的发展，合规管理的范畴进一步扩大，除了反商业贿赂以外，其他包括反洗钱、反垄断、数据保护、反金融欺诈等领域也逐渐被纳入合规管理范畴之中。近年来，合规管理进一步拓展到环境保护、企业用工、知识产权、投资运营等方面[161-162]，而对于这种适用范围更为广泛的合规制度，通常被称为"广义的合规"。

对于"企业合规"的内涵界定，国内外的研究学者有不同的认知和定义，总体来看，这些研究的定义均强调企业在经营活动中参与主体要符合适用的法律、法规及其他的规则和规范等。具体来讲，通常包含以下三个方面的内容：①遵守法规，即企业的经营活动要遵守法律法规；②遵守规制，即企业要遵守自身所制定的规章和制度；③遵守规范，即企业的经营活动还要遵守相应的商业行为守则和道德规范。通常来讲，企业合规经营的目的主要在于防范合规风险的发生。所谓"合规风险"，是指企业在经营过程中没有遵守外部的法律法规或者规章制度及相应的职业操守和道德规范时，企业就可能面临遭受法律制裁或者监管惩罚，从而给企业带来财产损失和声誉受损的风险[163]。

近年来，为规范国际市场的合规经营，国际上通过一系列的合规制度细化了企业海外发展的合规责任，这为指导企业国际化经营提供了基本依据。本书节选了部分中国跨国经营企业所面临的一些国际监管制度，具体见表2-2。

国际合规监管体系 表2-2

来源	发布主体	施行时间	具体规定
中国	国资委	2017/01/07	《中央企业境外投资监督管理办法》
		2017/01/07	《中央企业投资监督管理暂行办法》
		2018/7/13	《中央企业违规经营投资责任追究实施办法（试行）》

续表

来源	发布主体	施行时间	具体规定
中国	国资委	2018/11/02	《中央企业合规管理指引（试行）》
	国家发展改革委	2018/01/03	《企业境外投资管理办法》
		2018/01/03	《境外投资敏感行业目录》
	国家发展改革委、外交部、商务部、人民银行、国资委、外汇局、全国工商联	2018/12/29	《企业境外经营合规管理指引》
		2017/12/06	《民营企业的境外投资经营行为规范》
	国家市场监督管理总局、国家标准化管理委员会	2022/10/12	《合规管理体系 要求及使用指南》GB/T 35770—2022
国际组织	国际标准化组织	2014/12	《ISO19600: 2014 合规管理体系指南》
	联合国	2005/12/04	《联合国反腐败条约》
	世界银行	2010/09	《诚信合规指南》
	经合组织	1976	《跨国公司行为准则》
其他发达国家	美国	1977	《海外反腐败法》
	英国	2010/04	《反贿赂法》

对于拓展海外业务的跨国经营企业来说，企业会面临多维监管体系，企业在跨国经营过程中不仅要严格遵循自己国家的法律法规、企业内部的规章制度，还要遵守海外国际组织及相关国家的各类监管规定。基于此，本书借鉴前文对企业合规行为的内涵，对国际工程承包企业合规行为的界定如下：国际工程承包企业在海外项目建设过程中，企业及其员工的行为符合项目所适用的东道国、母国和国际组织等机构颁发的法律法规或监管规定及相应职业操守和道德规范的要求。

（2）企业合规与企业社会责任、企业合法性概念辨析

由于企业与社会之间的关系是相互依存和共益共生的，因此企业的生产经营活动要强调履行社会责任[164]。企业社会责任（Corporation Social Responsibility，CSR）被定义为企业超出企业及其股东的直接利益和法律的要求范围，推进社会企业利益和社会利益相协调的行为[165]，通常包括经济责任、法律责任、伦理责任和慈善责任[166]。进一步的研究表明，企业社会责任的履行具有双赢性，履行社会责任不仅是企业缓解外部压力、降低获取关键资源风险的活动，还能提升企业形象、获得声誉资本，最终促进企业竞争优势的获取[167-168]。

从制度理论来看，企业社会责任的履行可以帮助企业获取"合法性"[169]，企业通过社会责任的信息披露形式来不断证明其行为是合法的，且具备一个良好企业的形象[170]。合法

性（legitimacy）是制度理论中的一个重要概念，企业合法性被定义为企业的行为在制度体系范围内被认为是可取、恰当的[171]，它反映了不同利益相关者对企业的共同期望和评价，企业只有满足制度环境中各个利益相关者的要求才能被视为企业具备合法性。企业合法性通常包括三个方面的内容[172]：①规制合法性，这种合法性认为企业的行为遵守了正式的法律、法规、标准等制度要求；②规范合法性，这种合法性认为企业的行为遵守了制度内的社会规范、价值观、信仰等制度规范；③认知合法性，这种合法性认为企业的行为得到了社会公众对某种情形的认可。企业合法性被视作企业的一种无形资源，它有助于企业社会地位的提升，能够为企业获取其他资源提供重要的帮助[173]。

总体而言，企业合规、企业社会责任与企业合法性是既有区别又有联系的三个概念。通常来讲，企业不合规的行为会受到法律的制裁，而企业社会责任履行和合法性的失败却不一定受到法律的制裁，但会受到社会的谴责。从以上分析可以得出，合法性离不开合规，但是合法性却超越了合规性。企业合规是企业履行社会责任的体现，也是企业获取合法性的途径。

（3）企业合规经营的价值创造

从短期效果来看，企业违法违规开展经营活动，例如贿赂政府官员、采用恶性竞争方法、实施欺诈手段等，可能增加企业的营业收入，获取暂时的经济利益。但是，这种违法违规经营活动不仅导致企业运营成本大幅度增加，面临违规被制裁的风险，而且还会引起其他企业的效仿，使得违规行为在市场中发生蔓延，破坏整个市场的公平性，从而损害更多企业的利益。合规经营是企业行稳致远的内在要求，也是抵御各类合规风险和促进企业健康可持续发展的基本前提。企业合规行为本身并不产生收入价值，但合规能创造价值，关于企业合规行为的价值创造，有部分学者进行了探索性研究，观点可以总结为以下几个方面：

1）企业合规有利于避免企业违规而受到严重惩罚

企业及其员工的违规行为被制裁会产生严重的后果，不仅会使与企业有密切联系的利益相关者的利益受到损失和消极影响，而且还会损害企业的声誉，进而会影响企业之后的发展。而企业依法合规经营可以使企业避免因为不遵守相关法律法规而遭受严厉的法律制裁[174]，避免违规经营可能面临的财产损失、声誉损失和付出自由等极为惨痛的代价。

2）企业合规可以作为免除或减轻制裁的有力保障

一些西方国家对于那些涉嫌实施违法违规行为的企业，监管机构在启动调查程序后，通常将企业是否建立完善的合规计划作为减少罚金、是否起诉或者与其签署暂缓起诉协议、有条件不起诉、是否定罪等依据[175]。对于已经涉嫌实施违规经营的企业来说，其已经建立或者承诺继续完善合规制度的措施可以使得监管机构免除或减轻对其的制裁。因此，企业合规在违规企业考虑采取措施减少制裁损失方面发挥重要的价值。

3）企业合规有利于推动企业内部治理水平的提升

企业合规作为企业的一种重要内部治理机制，它是通过公司制定相应的规则来规范和约束企业及其员工的行为，使他们有意识并有依据地实施企业活动实现企业的绩效目标。因此，企业及其员工的合规对于公司内部治理水平的提升至关重要，企业合规有利于企业及其员工通过遵守相应的公司制度及行为规范来获得公司利益，这个过程可以进一步助力公司实现内部控制机制的完善和提升[176]。

4）企业合规有利于营造良好的法治文化氛围

企业合规经营不仅能为企业创造价值，还关乎企业内每个员工的利益，企业合规经营的理念可以通过公司制度渗透到公司的文化中，企业及员工的合规理念有助于营造良好的公司法治文化氛围[177]，对企业的每个员工严格遵守法律法规及行为规范有一定的促进作用，这对企业文化建设及个人发展都有良好的助力作用。

5）企业合规有利于推动社会责任履行和商业形象提升

企业合规已成为企业商业声誉乃至国家形象的关键符号，也是企业承担社会责任和道德责任的价值体现。企业合规经营可以帮助企业在利益相关者之间及整个市场中树立企业对社会责任的良好履行、负责任、可信赖的社会形象，从而提升企业在客户中的信誉和社会地位，提升企业的品牌价值，从而实现可持续的业务增长，获得商业回报[178]。

6）企业合规有利于良好营商环境的形成和经济高质量发展

在当下的市场环境下，伴随经济高质量发展，市场主体和营商环境也面临着提高和完善的发展需求。而法治是良好营商环境建设的关键，企业作为市场活动的主体，其行为活动能不能依法经营、维持公平、维护营商环境的健康发展对整个市场的法治建设都至关重要[179]。良好的营商环境有效维护了市场秩序的稳定，同时可以有效降低企业的制度性成本。

综上所述，企业合规经营理念正在经历从"防范风险"到"创造价值"的转变，合规作为企业治理体系中的重要一环，不仅是企业控制自身风险的必由之路，也是增强企业竞争力、赢得企业声誉的重要指标。另外，企业合规对于营商环境的良好形成、促进社会治理和经济高质量发展、全面推进依法治国都具有重要价值。

（4）企业合规行为的影响因素研究

现有研究已经对企业合规为企业带来的价值以及合规护航企业可持续发展的观点形成

了统一的认识，关于如何驱动企业合规经营引起了学界和实践界的热烈讨论，诸多学者对此进行了探讨，本书对相关文献进行了整理，见表2-3。

企业合规行为影响因素研究　　　　　　　　　　　　　　表 2-3

因素	影响关系	代表性研究
制裁的严重程度	制裁越严重，企业合规的履行意愿越高	Gray 和 Shadbegian[180]；Zhao 和 Qi[181]
企业规模	企业规模的不同会使得企业合规成本有所区别，大型企业通常与更好的合规性相关	龙小宁和万威[182]；Karplus 等[183]
内部控制	内部控制质量能够影响企业合规目标的实现	王宁[184]
法务部门的建设	法务部门的建设及合规性审查对企业合规风险控制至关重要	陈瑞华[48]
组织能力	组织能力，包括对规则、财务能力、技术诀窍、人力资源、管理能力和监督的最突出的认识，是合规行为的限制因素	Winter 和 May[185]；Parker 和 Nielsen[186]

目前关于企业合规行为的影响因素研究，主要集中在制裁、法务、企业属性、内部控制及组织管理等。由于企业合规实践起步较晚，目前国内外文献对有关企业合规行为影响因素的研究还比较零散和浅显，对理解企业合规行为的发生还缺乏系统的理论参考，导致指导跨国企业合规行为存在一定的困难。

2.3　现有研究的不足及对本书的启示

（1）为了推动工程项目组织间生态合作关系的发展，工程项目生态系统的形成及内部运行机制还需要进一步明晰

通过对相关理论及文献的总结梳理可知，工程项目组织间的生态关系日益受到研究学者的关注，学术界对于工程项目组织间生态合作关系的研究趋于多样化并逐渐完善。国际工程承包企业是国际工程项目建设过程中各参与方合作关系形成的关键纽带，他们充当了信息、资源集散地和流量池的角色，实现引流和导流的功能，可以促进各参与方生态合作关系的发展[187]。因此，作为提供重要耦合和嵌入商业机会的联结者，国际工程承包企业应当以整合外部资源或者以外部资源为杠杆，协同互动形成网络资源等多种方式，发挥国际工程项目生态系统构建的引领作用。然而，已有研究对项目生态系统的分析还基本停留在概念表象层面，对于工程项目生态系统的形成及内部运行机制的深层次研究还缺乏细致的解释，同时对工程企业在项目生态系统中的作用也缺乏进一步的实证分析，这导致在指导工程项目组织间生态合作关系的建设和发展时还缺乏一定的理论依据。

因此，为了推动工程项目组织间生态合作关系的发展，本书在已有研究取得的进展与

成果的基础上，拟对国际工程项目生态系统的构成要素及要素间的关联关系进行分析，构建国际工程项目生态系统的理论模型。并以国际工程承包企业为研究对象，基于生态系统理论的相关知识对国际工程承包企业的相关问题进行研究，旨在分析其在项目生态系统关系形成和系统治理中的重要作用。

（2）生态位理论为解释生态系统中的相关问题提供了重要的理论基础，国际工程承包企业合规行为的形成是否会受企业生态位影响需要深入挖掘

现有研究对国际工程项目组织间跨界合作产生的价值有了统一的认识，但组织间多样化的利益需求和复杂的监管规则引发的合规风险对组织间合作带来的挑战还未得到研究学者的关注。合规管理已逐渐成为学术界研究的热点问题，从概念研究逐步过渡到作用机制研究，已取得了诸多的研究成果，这为深入理解和分析企业合规行为提供了重要的借鉴。虽然学者们做了较多的探索性工作，但目前大部分研究基本上都在强调企业合规管理的重要性以及企业合规管理发展的框架制定等相关问题。但现有研究对企业合规行为形成的内在动因、内部运作机理以及企业合规与行业特征相结合的针对性分析等方面的理论和实证研究还有待进一步深入分析。

企业生态位是生态系统中的基本单元，企业生态位理论为解释企业的市场定位、资源占用及企业之间的竞争与共存等相关问题提供了重要的理论基础[188]。目前有学者围绕国际工程承包企业的生态位做了一些探索性研究，但遗憾的是现有对国际工程承包企业生态位的研究多是概念性研究，缺乏对企业生态位差异的形成过程进行深入分析，也缺乏对国际工程承包企业生态位的影响进行深入挖掘。通过对相关研究的梳理，本书认为企业生态位的相关研究还可以从以下两个方面进行发展，其中一方面是结合行业和企业特征来对企业生态位进行针对性研究，有助于拓展生态系统理论的应用和促进多领域研究的融合；另一方面是现有研究对企业生态位差异的形成局限于影响因素的罗列，缺乏通过定量分析对这些因素如何诱发企业生态位形成的过程机制的深入研究。而且最新的研究指出复杂社会现象是由多种因素共同作用产生的，且存在多条路径[189]，所体现的是多个并发条件与结果间的复杂集合关系，且在不同的条件组合中，单一条件与结果的因果机制会发生改变[190]。未来的研究需要基于组态的思维对某一现象的复杂因果关系进行深入研究。

有鉴于此，本书聚焦于国际工程承包企业的生态位及合规行为，基于组态思维深入分析国际工程承包企业的生态位差异形成过程，在此基础上进一步揭示企业生态位对企业合规行为的影响机理，为生态系统视角下的国际工程承包企业合规行为驱动提供理论基础。

（3）为了促进项目生态系统成员合规的协同进化，国际工程承包企业的合规知识在生态系统中的溢出效应需要得到关注和研究

生态系统的协同进化是生态成员共生关系构建的完善和进阶阶段，是成员通过生态系统获得竞争优势的重要来源。研究表明，生态系统成员的协同发展关键在于生态要素之间的互动，通过互动过程中的资源流动和聚合实现各成员优势的产出[191]。由于在网络节点的连接下，成员间不断通过互动实现资源交换、技能获取与经验学习等，生态成员之间会发生一系列的知识溢出效应，从而推动成员发展[192]。由此推断，在生态成员的协同进化中，知识资源起到重要的作用，生态成员之间的互动会促进知识的共享和转移，从而能够实现生态系统成员的共同进化。然而，现有研究对生态系统中成员协同进化过程的互动机制缺乏关注和分析，而且有研究表明知识溢出的程度受到诸多因素的影响存在差异[193]，因此有必要对生态成员之间知识溢出差异的过程机制进行深入挖掘。

有鉴于此，为了分析国际工程项目生态系统成员合规的协同进化机制，本书探讨国际工程承包企业合规知识在项目生态系统中的溢出效应，基于知识溢出与组织学习的关系，以不同生态成员学习国际工程承包企业合规知识的程度差异来表征工程企业合规知识溢出程度，探讨国际工程承包企业合规知识在项目生态系统中溢出效应差异的过程机制，从而为促进国际工程项目生态系统成员合规协同进化提供理论参考。

第 **3** 章

国际工程项目生态系统
构成要素及关联关系

为了开展生态系统视角下的相关研究，首先需要清晰地定义生态系统的构成要素及要素间的关联关系，研究结果旨在为理解生态系统背景提供理论基础。现有研究普遍认为国际工程承包企业是项目的核心供给方，其在国际工程项目生态系统的构建中发挥着重要的引领作用。有鉴于此，本章将试图构建以国际工程承包企业为平台企业的项目生态系统的理论模型，明晰该生态系统的构成要素及要素间的关联关系，以期为后续的相关研究提供理论基础。

3.1　工程项目组织间生态合作关系的构建

3.1.1　工程项目生态系统概念

商业生态系统作为一种新型的商业模式，其最大的效能是将相关利益方集结在一起，为其搭建了一个资源共享和价值共创的合作平台[194-195]。近年来，随着商业生态系统发展理念在不同领域研究的引入，催生了诸多与生态系统相关的概念，例如创新生态系统、产业生态系统、数字生态系统、知识生态系统等。在工程领域，现有的研究已经关注到项目作为各利益相关方关系的载体，可为各参与方实现价值创造提供平台[196]，使得参与方不仅可以获取经济利益价值，还可以实现长期社会价值甚至全球价值[197]。工程项目活动本质上是一种社会需要，其投资、建设及运营等全过程均存在与外部环境进行物质循环、能量转化及信息传递等联系，具有与一般生态系统相似的基本特征。因此，逐渐有研究将生态系统的思想扩散至工程领域，提出了工程项目生态系统的概念[33][99]。现有的研究认为工程项目生态系统是由项目实施的团队组织群落及项目所处的非生物环境共同组成，是整个建筑承包市场的子系统[98]。

项目生态系统概念的提出给工程行业的发展带来了一种全新的思路，然而，现有工程项目生态系统的相关研究还比较缺乏，与其他行业相比，生态系统思想在工程行业中的应用还比较浅显，融合也相对滞后。产生这一问题的原因可能与工程行业的属性有关，工程行业是以项目为载体联结了项目建设的各参与方，但项目的一次性和临时性等特点使得工程项目团队的存在具有一定的生命周期。由于缺乏长期稳定的合作纽带，在合作过程中，各方只追求各自的绩效目标管理的合作理念也进一步加剧了项目组织的不稳定性，忽视了工程项目平台为各方创造的价值。如何打破这种传统合作思维，发挥工程项目为各利益相关方搭建的价值平台作用，使得工程项目各参与主体构建长期合作关系，赋能企业发展，还需进一步结合工程行业特征对工程项目生态系统进行深入研究。

3.1.2 工程企业间的战略合作

实践中，已有不少国际工程承包企业将生态系统的互利共生、协同发展理念逐步融入其国际化经营战略中。企业之间打破了传统的交易型或竞争型合作关系，考虑与伙伴构建长期互利共生、价值共创的生态合作关系。本书节选了部分国际工程承包企业之间的战略合作事件，见表3-1。

国际工程承包企业间的战略合作 表 3-1

行业	时间	战略合作	战略合作目标
同行业合作	2021年9月16日	中国能建葛洲坝国际公司与中国交通建设集团国际工程分公司签署战略合作协议	双方希望发挥各自优势，强强联合，携手推进国际业务高质量发展
	2021年10月22日	中国建材集团与宁德时代新能源科技股份有限公司签署战略合作协议	双方希望能够把握住"双碳目标"带来的重大机遇，加强新能源材料研发与合作，加快能源结构优化调整，优势互补、合作共赢
	2021年8月20日	中国石化石油工程建设公司与中国交通建设集团国际工程分公司签署战略合作协议	双方重点将中东、非洲和东南亚等地区确定为战略发展区域，结成战略伙伴关系，利用各自的品牌、资源、技术、市场和网络优势，共同开发此区域的大型交通和油气基础设施工程建设项目
跨行业合作	2021年6月24日	三峡集团与中国银行签署战略合作协议	双方希望以此次签约为新起点，持续深化战略合作伙伴关系，统筹推进双方各区域协同发展，加大实体与金融多层次创新，实现双方优势互补与价值最大化，共同实现高质量发展
	2021年3月25日	中国平安保险（集团）与中国能建葛洲坝集团签署战略合作协议	双方期待在推进传统业务合作的基础上，加大创新业务合作力度，实现产业发展的资本赋能，推动战略合作落实落地，共同实现高质量发展
	2021年10月22日	格力电器与中国船舶重工集团国际工程有限公司签署战略合作协议	双方期望在后期的环境工程、军工、船舶及国防科技等多个板块开展更加紧密的合作，并建立牢固的战略合作伙伴关系，共创中国品牌的合作典范

通过上述事件可以得到，生态系统思想在国际工程承包企业发展的实践中有所体现，对工程项目组织间关于生态合作关系构建的重要性有了清晰的认识。将生态系统理念应用到工程项目组织间的合作中，可以将项目建设关联的诸多利益主体纳入一个稳定的"风险分担、利益共享"的合作体系中，参与方合作的理念也从传统的交易型和竞争型合作转向互利共生、价值共创的生态合作关系，打破业务往来、技术依赖等组织间壁垒，构筑共生文化。

3.2 **研究设计**

3.2.1　研究思路及拟解决的关键问题

目前关于生态系统在不同行业的应用得到了学者们的逐步关注，现有研究也构建了一些特定情境下生态系统的理论框架，这为理解和构建国际工程项目生态系统的理论模型提供了重要参考。本书对一些代表性生态系统理论模型的研究进行了分析，解构了生态系统的构成要素，见表3-2。

已有研究的生态系统理论模型解构　　　　　　表 3-2

生态系统	生态系统构成要素	代表性研究
跨境电子商务生态系统	物种和环境，其中物种包括核心物种、关键物种、支持物种、寄生物种，环境包括内部环境和外部环境	张夏恒[198]
小米生态系统	核心主体（包括立基型企业、骨干型企业和支配型企业）、直接及潜在的客户、政府媒体环境支持者、战略合作伙伴及竞争对手	夏清华和李轩[199]
创新生态系统	不同的群落，包括开发群落、研究群落、应用群落，这些群落分别包括主体和环境，其中主体包括企业、政府、科研机构、金融机构、中介机构等，环境包括基础设施、用户、文化等	刘静和解茹玉[200]
苹果价值网络	整体来看包括软件平台和数码中枢终端，可以进一步细分为书籍出版商、音像提供商、通信服务商、附件制造商、设备制造商和原件供应商等	刘林青等[201]
数字音乐商业生态系统	包括用户、音乐公司、数字音乐交易平台、唱片公司、银行、其他金融机构等	
雄安新区创新生态系统	包括领军企业、政府、服务机构、科研机构、基础设施、制度环境、文化环境和社会环境	薛楠和齐严[202]
汽车创新生态系统	包括组件供应商、产品、销售商、用户、后续服务商和政府等公共机构	武建龙和刘家洋[203]

已有研究普遍认同商业生态系统构建的价值在于通过联结价值链上的各方参与者，进行资源和能力的互补、提高资源利用效率、实现成员的价值共创和共同发展[79]。通过以上生态系统理论模型的分析发现，生态系统的构建超越了传统的以行业为基础的划分思维，而是由核心企业或平台牵引，将围绕核心活动的各参与方集合起来，形成一个关联性的组织系统，形成一个生态圈[204]。这些生态系统理论模型构建的主要逻辑可以归纳为：以核心活动建设为目标，核心企业选择实施活动的成员，通过成员之间的分工与协作，形成一个稳定和可持续的合作生态圈。在解构生态系统的结构时，已有研究得出生态系统结构包含要素、活动、位置及联系四个部分，上述各部分均围绕核心价值主张展开设计[78]，因此，为构建国际工程项目生态系统的理论模型，本书需要回答以下几个关键问题：

（1）国际工程项目生态系统的构成要素有哪些？

（2）国际工程项目生态系统的核心活动是什么？

（3）国际工程项目生态系统各要素的位置怎样？

（4）国际工程项目生态系统各要素的联系是什么？

3.2.2　数据收集

本书运用扎根理论的定性分析方法，通过回答以上几个关键问题来解构国际工程项目生态系统的理论模型。为了提高研究的信度和效度，本书根据 Mile 和 Huberman 提出的三角测量法[205]，在研究过程中采用多来源数据综合分析，避免单一来源数据对结果产生的局限性。本章的数据来源主要包括专家调研访谈、公开渠道资料搜集、文献资料搜集及网络资料搜集。具体的数据收集过程如下：

（1）专家调研访谈

为了获得中国工程企业的相关实践，本书通过专家调研访谈的方式来获得较为客观的、真实的、一手的相关数据资料，作为相关分析的核心数据资料。从数个与国际工程领域相关的微信群及论坛会议组中，本书邀请和筛选了 12 名具有 10 年及以上国际工程项目工作经验，并且负责市场规划、公司发展研究等方面的中国企业实践人员，通过互联网在线平台、腾讯会议、微信等，进行了一对一的半结构化访谈。本次访谈旨在了解中国工程企业在国际承包市场核心竞争力的提升及生态伙伴关系建立方面的情况和见解。为了让访谈对象有充足的思考时间，在访谈的前 2 天将访谈提纲发送给调研对象，并告知单个对象其访谈时间控制在 30 分钟左右。访谈邀请函及访谈提纲详细内容见附录 A。访谈专家的背景信息见表 3-3。

访谈专家的背景信息　　　　　　　　　　　表 3-3

编号	工作年限	所在企业	工作期间项目分布的区域
专家 1	10 年	中铁二十局	巴基斯坦/蒙古等国
专家 2	12 年	中铁十四局	阿联酋
专家 3	16 年	中铁十四局	阿联酋
专家 4	12 年	特变电工	巴基斯坦、塔吉克斯坦
专家 5	14 年	中航国际	南亚、非洲等国

续表

编号	工作年限	所在企业	工作期间项目分布的区域
专家 6	11 年	中国电建	印度、厄瓜多尔
专家 7	10 年	中国交建	牙买加
专家 8	13 年	葛洲坝	阿根廷、沙特
专家 9	11 年	中国交建	柬埔寨
专家 10	10 年	中国交建	尼泊尔
专家 11	12 年	浙江建投	马来西亚
专家 12	15 年	上海建工	乌兹别克斯坦

（2）公开渠道资料搜集

为了获得与中国对外承包工程企业在国际工程承包市场发展相关的比较权威和准确的信息，本书通过从"走出去"公共服务平台、中国对外承包工程商会等一些公开的官方平台以及一些大型国际工程承包企业的官方网站，对涉及国际工程承包企业战略、海外工程建设等宣传资料内容进行了搜索和整理。

（3）文献资料搜集

为了获得相关的理论研究观点为本书提供进一步的科学支撑，本书在中国知网（CNKI）、科学引文检索（WOS）、史蒂芬斯数据库（EBSCO）等期刊数据库检索了近 10 年关于生态系统理论在工程领域应用、国际工程项目价值链、价值共创、国际工程组织间生态合作、协同发展等相关文献资料。

（4）网络资料搜集

除了以上三种渠道之外，由于工程行业的相关实践要先行于理论研究，为了了解最新的中国对外承包工程企业的实践，本书通过网络渠道搜集了相关的信息。因为国际工程承包企业的相关信息也会通过社会媒体、相关会议及微信推文的方式进行披露，因此，本书还从这些渠道获取了一些相关数据资料作为补充。

综上，本书通过这些渠道获得了运用扎根理论来解构国际工程项目生态系统理论模型的文本分析资料，为了更好地在资料扎根过程中说明资料来源，本书将对以上数据来源进行编码，并对研究的数据来源及相关内容做了进一步总结，具体参见表 3-4。

数据资料来源及编码 表 3-4

数据来源	资料类型	资料内容	来源	编码
一手资料	访谈资料	中国工程承包企业国际竞争力、伙伴关系及生态系统战略发展的相关实践及背后的深层次原因	具有丰富国际工程项目经验、负责市场规划、公司发展研究等方面的中国对外承包工程企业的中高层管理人员	A
二手资料	官方资料	公司网站中涉及企业战略、海外工程建设等宣传资料	大型工程企业官方网站、"走出去"公共服务平台、中国对外承包工程商会等	B
	文献资料	生态系统、价值共创理论在工程领域的应用;工程项目价值共创、国际工程承包企业协同发展等相关文献	中国知网（CNKI）、科学引文检索（WOS）、史蒂芬斯数据库（EBSCO）等	C
	网络资料	与项目生态系统、工程承包企业生态系统战略、生态模式发展相关的资料	社会媒体报道、相关会议或讲座资料、微信推文等	D

3.3 数据分析

3.3.1 开放性编码

开放性编码是扎根理论法构建理论的第一步，这个过程是将原始资料逐步贴标签、归纳、演绎，实现客观现象到概念化和范畴化的重要步骤[206]。本书通过对收集到的原始文本资料进行贴标签和归纳整理，对含义相近的内容进行合并，并对频次较低的条目进行删除，最终从原始资料中获得 89 个初始概念，进一步提炼出 31 个范畴。开放性编码分析过程示例见表 3-5（因篇幅原因，仅分别列出了部分原始语句和概念）。

开放式编码分析过程举例 表 3-5

原始资料	贴标签	概念化	范畴化
C：从组织生态学角度看，建筑行业是一个典型的社会经济系统，业主与其建筑材料供应单位、施工企业及政府部门、自然环境、经济环境和社会环境共同构成了相互依存、相互适应的建筑组织系统	社会经济系统；业主；建筑材料供应单位；施工企业；政府；自然、经济、社会环境；相互依存；相互适应	系统；多主体；环境；联系	利益相关者；工程项目建设环境
C：在中国工程企业"走出去"商业生态系统中，处于核心层的利益相关者有政府、业主、监理、金融机构、保险公司和咨询公司，承担着投资与建设的主导职能；处于边缘层的利益相关者有标准制定者、舆论媒体、当地社区和行业协会，承担着支持与监督的参与职能等	工程企业商业生态系统；利益相关者；政府；业主；监理；金融机构；保险公司；咨询公司；标准制定者；舆论媒体；当地社区；行业协会；核心层；边缘层；投资；建设；支持；监督	多主体；核心层；边缘层；投资；建设；支持；监督	核心利益相关者；边缘利益相关者
C：工程建造平台生态圈形成阶段是以核心业务为基础，向外围拓展出支持业务和衍生业务，并聚集支持主体、衍生主体等平台参与主体。他们构成了平台生态系统的外围圈	工程建造平台生态圈；核心业务；支持业务；衍生业务；支持主体；衍生主体；外围圈	工程建造平台生态圈；核心业务；支持业务；衍生业务；参与主体	构成要素

原始资料	贴标签	概念化	范畴化
C：中国"走出去"的工程企业商业模式的演化使得发展模式由竞争逐渐转为合作竞争，形成产业联盟，谋求共赢	工程企业；商业模式演化；合作竞争；产业联盟；共赢	合作竞争；产业联盟；共赢	联盟；合作；共赢
C：秉承"服务共享、合作共赢、超越发展"的理念，工程承包企业大力推进国际产能合作，积极与发达国家企业开展"第三方市场合作"，与国内产业链上下游企业"编队出海"，整合各方优势，实现多方共赢，推动公司从国际经营型企业向具有全球竞争能力、全球资源配置能力的跨国公司、全球化公司迈进	服务共享；合作共赢；超越发展；国际产能合作；第三方市场合作；产业链上下游；多方共赢；全球竞争能力；全球资源配置	共享；共赢；合作；资源配置；竞争能力；产业链上下游	资源配置；竞争力；合作共赢
C：支持系统是为了保证商业生态系统良好地运作和价值创造而提供资金、服务、标准、政策等支持，包括贸易协会、制定标准机构、政府部门及其他组织等	商业生态系统；支持系统；系统运作；价值创造；资金；服务；标准；政策支持；贸易协会；制定标准机构；政府部门及其他组织	资金；服务；标准；政策支持；系统运作；价值创造	构成要素；价值创造
C：开放包容、多方参与、形式多样、互利共赢原则，依托不同产业、不同行业和不同企业的不同优势，开展互利合作和跨界整合，增进产业链上下游的优势合作	多方参与；互利共赢；产业、行业、企业；跨界整合；产业链上下游；优势合作	多方参与；跨界整合；优势合作；互利共赢	互利共赢；跨界合作
D：生态系统应该包括系统运行机制，包括企业进入与清退的规章标准，以及企业在系统中表现的激励约束机制与奖惩标准等	生态系统；运行机制；进入与清退标准；激励约束；奖惩标准	运行机制；进入、退出标准；激励约束；奖惩标准	进入、退出条件；激励约束；奖惩标准
A：生态系统是以实现资源共享、互惠互利为目的而组织起来的受共同认可的新型组织	生态系统；资源共享；互惠互利；共同认可；新型组织	资源共享；互惠互利；共同认可	资源共享；互惠互利；共同认可
A：工程项目生态系统作为一个开放的系统，各参与主体相互依存、共赢共生，是休戚与共的有机整体，是多方共赢的终极目标和最高形态	工程项目生态系统；开放；参与主体；相互依存；共赢共生；有机整体	工程项目生态系统；多主体；共赢共生	工程项目生态系统；多主体
A：对于工程行业生态系统来说，如果有哪几个大的企业能够牵头做一些工作，那么对于联结工程行业资源、扩大工程承包企业市场等就会发展得比较好	工程行业生态系统；牵头企业；联结资源；扩大市场	工程行业生态系统；牵头企业；联结资源；扩大市场	工程项目生态系统；联结资源；扩大市场
A：中国工程承包企业与国外本土企业联盟，对风险控制非常有帮助，因为本土企业对东道国政策、法律方面熟悉、占据优势、出于合作会分享风险处理经验并共担风险	中国工程承包企业与本土企业联盟；风险控制；东道国政策、法律方面熟悉、占据优势；合作；分享风险处理经验；共担风险	合作联盟；本土优势；风险控制；经验分享；共担风险	合作联盟；分担风险；经验共享
A：国际工程承包企业的核心竞争力主要体现在资源方面，具体来说，是企业对国际承包市场资源的识别和资源的整合。生态系统就提供了一个很好的平台让企业获取资源	国际工程承包企业；核心竞争力；国际承包市场；资源识别；资源整合；资源获取	国际承包市场；资源识别；资源整合；资源获取	资源识别；资源整合；资源获取
A：中国工程承包企业在海外市场竞争力方面，施工技术与发达国家差距不大，主要是由于思想文化理念差异表现出来的流程管理等	中国工程承包企业；海外市场竞争力；施工技术；发达国家差距不大；思想文化理念差异；流程管理	海外市场竞争力；文化差异；组织学习；控制	组织学习
A：一个好的商业模式能够让所有参与者都受益，生态系统这种模式主要是能督促参与者本着共生的发展理念，实现企业的协同发展	商业模式；参与者；生态系统；共生；协同发展	生态系统；共生；协同发展	生态系统；协同发展

续表

	原始资料	贴标签	概念化	范畴化
	A：企业发展就要对标价值链，我们传统企业只要把自己负责分工的产品做出来就行了，还缺乏价值链思维。而生态系统这种模式正是打破了企业的这种思维，更大程度上是让平台企业去激活更大的资源，实现价值链资源的融合	企业发展；对标价值链；商业模式；传统企业；缺乏价值链思维；生态系统；平台企业；激活资源；价值链资源的融合	价值链思维；平台企业；激活资源；资源融合	资源激活；资源融合
	B：中国某大型工程承包企业通过市场化运作，与金融机构、地方政府、兄弟单位、上下游企业打造战略联盟，构建"中央企业+地方政府+境外园区+境外企业"的价值网络发展模式，利用自身资源整合和上下游产业牵引带动优势，实现从单一产品到产业链，到价值链，再到价值网络体系的商业模式升级	大型工程承包企业；金融机构；地方政府；兄弟单位；上下游企业；战略联盟；"中央企业＋地方政府＋境外园区＋境外企业"的价值网络发展模式；资源整合；单一产品；产业链；价值链；价值网络；商业模式升级	上下游企业；战略联盟；资源整合；价值网络	战略联盟；资源配置；价值网络
	B：发挥核心能力和产业链一体化优势，统筹国际国内两个市场，协同推进"产融结合、优势多元、产业联动、产业培育"等举措	核心能力；产业链一体化；国际国内市场统筹；协同推进；产融结合；优势多元；产业联动；产业培育	核心能力；产业链一体化；协同推进；产业联动	核心能力
	D：培育生态成员使命感和强化自身能力是生态系统的建设重点	生态成员；使命感；自身能力强化；生态系统	生态系统；使命；能力	使命感；能力强化

3.3.2 主轴性编码

主轴性编码是对开放性编码结果的再次聚类和凝练，主要分析初始范畴之间的关联性，进一步获得副范畴和主范畴，这一过程也是构建理论模型的关键步骤。在这一步的编码中，本书借鉴了扎根理论创始人之一施特劳斯提供的典范模型，来分析和构建范畴之间的关联性。典范模型提出主轴编码的过程应该将开放式编码得到的范畴进一步提炼为现象、因果条件、情境条件、干预条件、互动策略及结果。通过这一过程，本书最后整理出6个主范畴和6个副范畴，初步搭建了国际工程项目生态系统的理论模型，具体内容参见表3-6。

主轴性编码分析过程举例　　　　　　　　　　表 3-6

模型要素	主范畴	副范畴	范畴
现象	国际工程项目生态系统	国际工程项目价值链	项目承揽；项目勘察；项目采购；项目设计；项目施工；项目交付及运营等
因果条件	多元合作；多要素投入	核心层；支持层；扩展层；环境层	项目的核心和边缘利益相关者；构成要素
情境条件	共同愿景	合作目标；齐心协力；文化契合	共同约定；使命感；担当感；共同努力；契合度
干预条件	制度保障	准入门槛；退出机制；治理机制	进入、退出条件；激励约束；惩罚机制
互动策略	需求匹配	资源整合；资源捆绑；资源撬动	跨界合作；资源识别；资源获取；资源配置；资源融合；资源激活
结果	共生进化	知识溢出；商业机会；资源共享；风险分担	联结资源；分担风险；扩大市场；共享经验；组织学习；能力强化；协同发展

3.3.3 选择性编码

选择性编码是对主轴编码得到的主范畴基于一定的逻辑关系和条件开发故事线,建立核心范畴与主范畴及其他范畴之间的关联。本书确定的核心范畴是"国际工程承包企业生态系统",结合核心范畴、主范畴及副范畴之间的关系,构建了国际工程承包企业生态系统的理论模型,以图示的方式进行直观展示,具体内容如图3-1所示。

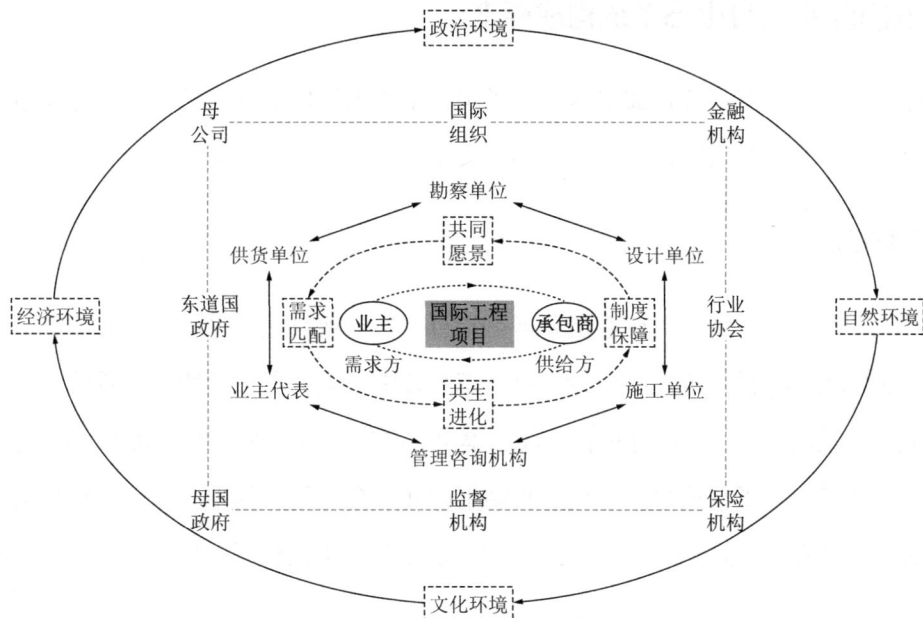

图 3-1 国际工程项目生态系统模型

通过图3-1可知,国际工程项目生态系统是一个具有多主体、多要素、多功能结构的复杂巨系统。通过松散互联的开放系统,整合国际工程项目价值链上各利益相关者,突破了地域及行业边界,目的是为不同成员共同发挥价值主张和能力杠杆,以此来获取异质性资源和差异化竞争优势。因此,可以将国际工程项目生态系统定义为:以国际工程项目建设为核心业务,以工程承包企业为平台企业,联结国际工程项目价值链上多方利益相关者而形成的共生竞合的多元合作系统。成员间通过物质、能量和信息的流动进行相互作用,形成长期可依赖、能共赢的超越市场的合作关系,并最终实现价值共创和价值获取。

3.3.4 饱和度检验

饱和度检验是对理论模型构建的稳定性和科学性评估的重要过程,借鉴已有研究推荐的饱和度检验方法，本书将原始资料的 2/3 数据资料作为分析内容，将剩余 1/3 的资料作为检验资料，通过对两部分资料编码结果的比对，来发现新的概念和范畴。因此，本书认为国际工程项目生态系统理论模型的构建通过了饱和度检验，研究结果具有稳定性。

3.4 国际工程项目生态系统模型的阐释

3.4.1 国际工程项目生态系统构成要素

国际工程项目生态系统构成要素涵盖了国际工程项目价值链上的相关各方及市场环境要素，可以细分为四个层次，包括核心层、支持层、扩展层及环境层。

（1）核心层

国际工程项目生态系统的核心层要素是指直接参与项目建设过程的核心成员，主要目标是完成国际工程项目的建设，履行项目生态系统中"生产者"的职责。具体的，这一层的核心成员包括勘察单位、设计单位、施工单位、供货单位、管理咨询机构、业主代表等。整个核心层成员经历了从项目开始到项目结束的几乎全过程。其中，业主是项目最初的发起人，业主代表是经业主合法授权的能够行使业主权利的主体，监督整个项目的建设过程。勘察单位、设计单位、施工单位及供货单位都可以归纳为工程承包企业，他们分别依托相应的资质和条件负责承建工程项目的某一部分或单项工程，提供专业的服务。管理咨询机构是受业主、工程承包企业或政府等部门的委托，在工程项目建设过程中提供相应的中介服务，例如工程咨询、检测机构、鉴定机构等，在业主和承包企业之间发挥重要的联系纽带作用。

（2）支持层

国际工程项目生态系统的支持层要素是指间接参与项目建设过程的相关主体，主要目标是为工程项目建设过程提供支持和保障。具体的，包括东道国政府、母国政府、国际组织、金融机构、保险机构、监管机构、行业协会、东道国母公司等。国际工程项目作为一种国家对外投资的经营活动，关乎国家利益，因此各国政府会采取多种措施对这一过程进行干预和支持，主要通过对外投资法律、投资优惠政策、外汇管制、税收制度、地缘政治、文化等方式间接作用于国际工程项目建设。另外，行业协会是行业内具有权威性的中介机构，它为国际工程项目建设提供包括标准、规范和行业惯例等的专业服务。盘点国际工程承包市场上具有国际影响力的行业协会有国际咨询工程师联合会（Fédération Internationale Des Ingénieurs Conseils，FIDIC）、英国土木工程师协会（Institution of Civil Engineers，ICE）、美国建筑师协会（American Institute of Architects，AIA）、英国皇家建筑师学会（The Royal Institute of British Architects，RIBA）等。金融机构是在国际工程项目建设过程中为项目各参与方提供资金支持、项目结算、项目担保等重要金融服务的组织。

（3）扩展层

国际工程项目生态系统的扩展层要素是指干预和调节工程项目建设过程的相关主体，包括舆论媒体、当地社区、研究机构、竞争企业等。由于国际工程项目建设的最终目的是为东道国提供相应的建设产品，这一过程会引起当地社区和舆论媒体的关注，为了赢得这些主体的认可与支持，工程承包企业在项目建设过程中需要注重与东道国当地社区和舆论媒体关系的建设和协调。例如工程承包企业在建设过程中可以通过从当地社区购买原材料、雇佣当地的劳动力或者与当地的企业建立合作关系及公共事务活动等方式，加强与这些角色的沟通和联系，让其了解并支持项目工作，从而更好地进行项目建设。研究机构是为国际工程项目建设过程输送创新性技术和创新性管理的重要提供者，是国际工程项目实现提质增效的重要保证。竞争企业在国际工程行业中扮演调节市场经营情况的重要角色，工程承包企业也在与竞争企业不断地较量中实现成长。

（4）环境层

国际工程项目生态系统的环境层要素构成了国际工程项目生态系统的"栖息地"，不仅包括自然环境，而且还包括政治环境、经济环境及文化环境，它们为国际工程项目建设提供资源支持。国际工程项目的建设需要投入大量的原材料，这些材料取自于自然环境并对自然环境产生影响。另外，国际工程项目的参与者具有跨区域、跨文化、跨组织的特性，这些主体之间受文化、制度及思维的影响，加剧了项目建设的复杂性。因此，国际工程项目生态系统的治理有必要重视不同文化主体之间的矛盾和冲突，采取恰当的跨文化管理方式更好地实现生态系统的运行。而且国际市场上的政治和经济环境也关乎国家承包市场运营环境的风险，政治和经济环境的动荡也会给国际工程项目生态系统带来冲击。由此看来，环境层虽然在国际工程项目生态系统的最外层，但是对整个项目生态系统的健康可持续发展起重要作用。

3.4.2　国际工程项目生态系统要素位置

由上文可知，国际工程项目生态系统是由多主体和多个要素组成的复杂系统，根据上文的分析，国际工程项目生态系统构成要素的分布情况如图 3-2 所示。

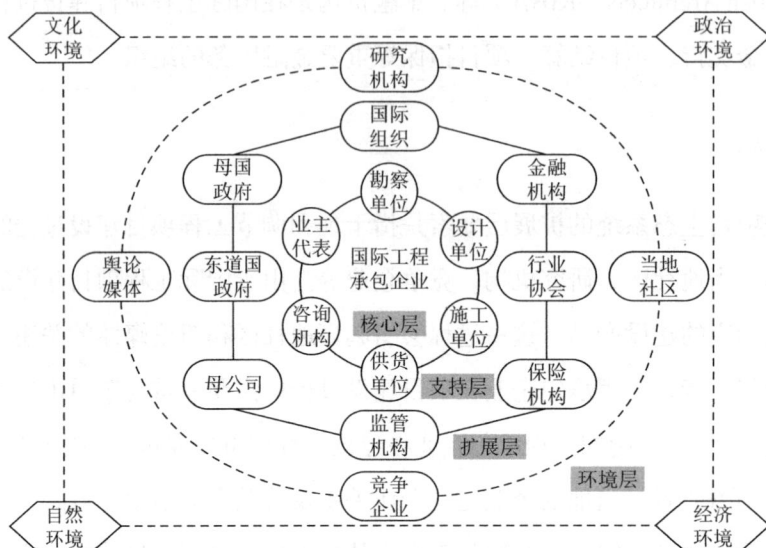

图 3-2　国际工程项目生态系统构成要素分布

由图 3-2 可知，国际工程项目生态系统中不同要素根据它们提供产品的类型和重要性被划分为不同的层级，不同层级内的各个成员在系统中担任不同的角色、拥有不同的资源、占据不同的生态位。基于生态位理论，生态位存在一定差异的要素之间彼此作用和相互依赖，逐渐形成松散网络结构，具有一定的稳定性[207]。基于这一观点，国际工程项目生态系统集结了国际工程项目价值链上不同的生态位要素，通过要素间彼此作用和相互依赖，为各参与主体提供了一个稳定的价值平台。

3.4.3　国际工程项目生态系统核心活动

由前文的分析可知，国际工程项目生态系统是以国际工程承包企业为平台企业，为承揽建设国际工程项目而搭建的平台。概括地讲，国际工程项目生态系统的构建遵循"核心活动→资源聚合→内部交互→价值共创"的逻辑。国际工程项目生态系统核心活动示意如图 3-3 所示。

从图 3-3 可以看到，国际工程项目生态系统的价值创造潜能主要表现在：①资源共享和风险分担，通过这一系统，各参与主体实现了资源共享和风险分担；②孕育商业机会，国际工程项目生态系统搭建了项目价值链各方的合作关系网络，系统内部的广泛网络联结为各成员带来了更多资源联结的商业机会；③提升各成员的竞争力，项目生态系统的外部性也会吸引更多成员加入资源联结的行列，增加整个系统资源的难模仿性，最终会赋能各成员发展，提高成员竞争力。

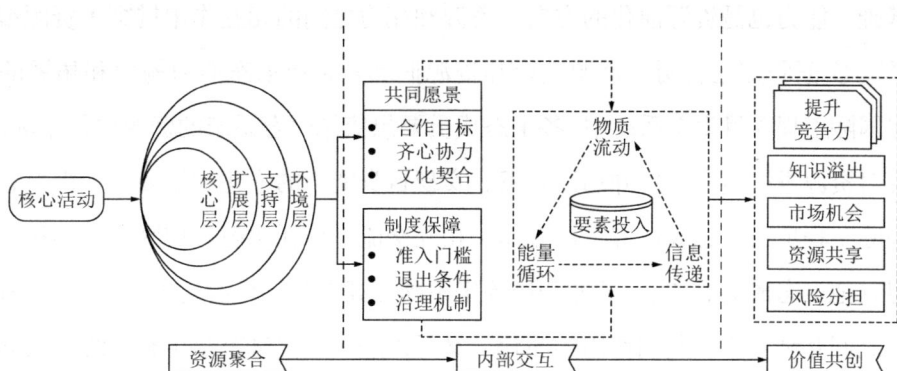

图 3-3　国际工程项目生态系统核心活动

3.4.4　国际工程项目生态系统各要素的联系

生态系统存在的本质是各生态要素之间存在资源的互补性和相互依赖性[78]，但资源编排理论强调对资源的占有并不能构成持续竞争优势的来源，还需关注对资源的调配、整合和利用[208]。具体来说，资源编排聚焦于三个主要的管理过程：资源的整合、捆绑和撬动[209]。国际工程项目生态系统整合了项目价值链的丰富资源，下面将详细地对国际工程项目生态系统各要素之间的资源整合、资源捆绑及资源撬动过程进行分析。

（1）国际工程项目生态系统的资源整合

资源整合是指组织对不同内容、不同来源和不同层次的资源获取和重构的编排过程。生态系统的构建就是不断地集结资源，对资源进行编排，最终实现主体多元化和经营平台化的过程。国际工程项目生态系统的构建以国际工程项目建设为载体，使得以平台企业的工程承包企业逐渐集结工程项目价值链上游（投资、设计、采购）和下游（运营）的资源，为项目价值链创造工程建设的综合服务平台。随着国际工程领域的快速发展，国际工程承包市场的需求逐渐呈现出工程建设服务综合化、标准化和结构化的特点。为此，作为国际工程项目的核心供给方，国际工程承包企业要想在国际承包市场中具有核心竞争力，就必须重视与项目价值链上的各参与方进行资源互补和联合协作。通过构建国际工程项目生态系统实现全价值链资源的强强联合、优势互补，创造一种新型的商业模式，从而帮助全价值链上的相关主体更好地在国际承包市场中站稳和立足。

（2）国际工程项目生态系统的资源捆绑

资源捆绑是指组织运用整合到的资源实现能力提升的过程[210]。有研究指出资源是能力形成的基础，能力也是资源演化的方向，资源和能力之间的相互作用贯穿了资源编排的整个过程[90]。实证研究也表明，资源获取和资源捆绑是企业动态能力构建和拓展的重要途径[211]。在国际工程项目生态系统中，各生态成员要想依靠生态系统的资源取得不断的发展，其就需要对资源进行整合利用并加以开发，实现自身能力的强化和拓展。他山之石，可以攻玉，国际工程项目生态成员应积极合作、相互交流，依托生态合作网络的连接，积极借鉴和学习其他生态成员的知识、技能和经验来不断提高自身的核心能力[212]。在这一过程中，随着成员之间互利互惠、共同作用的演化，又可以进一步促进整个生态系统的共同创新与协同发展，最终形成成员与系统共同进化的良性循环。

（3）国际工程项目生态系统的资源撬动

资源撬动是指组织经过资源整合和捆绑过程后实现吸纳更多合作伙伴、不断拓展资源的过程，是价值创造的关键环节[213]。正是由于这一过程的存在，有利于传统合作模式的封闭性，新资源的加入可以为整个系统提供新知识、新技术等，可以改变既有的利益格局，为系统的价值创造提供新模式。因此，国际工程项目生态系统在推动系统建设和管理方面需要重点关注生态资源的利用与更新，将系统的优势资源聚集成支点，以撬动更大的市场，形成资源的不断迭代升级、更新，来反哺生态成员的发展。值得注意的是，这一过程离不开各生态成员内部的多元联动与互利合作，以及各生态环境对生态成员的支持。

3.5　本章小结

本章在深刻理解国际工程项目组织间合作模式演变的基础上，基于生态系统理论的相关知识，重新审视国际工程项目组织间的合作关系。本章构建了国际工程项目生态系统的理论模型，并解构了这一系统包含的生态要素及要素间的关联关系。本章的具体过程和内容如下：首先，通过对工程项目组织间生态合作关系构建的相关研究现状进行了梳理，包括工程项目生态系统概念及工程企业间的战略合作两个方面，对国际工程项目组织间生态合作关系构建的重要性和必要性有了清晰的认识，也为进一步构建国际工程项目生态系统提供理论铺垫。其次，运用扎根理论研究方法，对专家调研访谈、公开渠道资料搜集、文献资料搜集及网络资料搜集多种渠道搜集的资料进行了结构化编码和分析，构建了国际工程项目生态系统的理论模型。最后，对该生态系统理论模型做了进一步深入的分析和解释，包括国际工程项目生态系统的要素构成、要素位置、核心活动及各要素的联系。

本章的研究结果表明，国际工程项目生态系统是以国际工程项目建设为核心业务，以工程承包企业为平台企业，联结国际工程项目价值链上多方利益相关者而形成的共生竞合的多元合作系统。该生态系统的构成要素涵盖了国际工程项目价值链上的相关各方及市场环境要素，它的构建遵循"核心活动→核心企业→资源聚合→内部交互→价值共创"的逻辑。国际工程项目生态系统的商业模式增强了项目各参与方之间的联系，系统内部的广泛网络为各成员带来了更多资源联结的商业机会，有助于工程项目向创造更大价值的模式演变与升级。

值得注意的是，国际工程项目生态系统的价值创造离不开各生态成员内部的多元联动与互利合作，不同生态位的成员既各司其职、独立存在，又都与整个系统相互联系、相互作用。国际工程承包企业处于项目生态系统的核心层，履行项目生态系统中"生产者"的职责，对整个项目生态系统的价值创造和健康运行起重要的引领作用。本章的研究为后文工程企业的生态位、生态位对合规行为的影响以及合规知识在项目生态系统中的溢出效应等方面的研究提供了重要的理论基础和研究情境。

第 **4** 章

中国对外承包工程企业生态位差异
的多重致因路径

企业生态位反映了企业对资源环境的适应情况，是联系企业发展与生存环境的纽带，企业生态位的提升能够提高其对环境的适应能力。因此，企业生态位是随着时间动态演进的，而企业对生态位的选择和构建也具有一定的主动性，这也是整个生态系统演进的重要驱动力。然而现有的关于如何驱动企业生态位提升的研究还较少，因此，本章通过对国际工程承包企业生态位差异的多重致因路径进行研究，来揭示企业生态位差异的形成过程，以期为企业生态位提升的相关研究提供理论基础。

4.1 国际工程承包企业生态位及竞争优势的构建

4.1.1 国际工程承包企业竞争优势来源

从前文的研究来看，国际工程承包企业生态位是企业在国际承包市场中占据的多维资源空间，表征了企业对不同承包区域和产品的适应情况，是企业在行业内竞争实力的标志。目前，围绕工程承包企业在国际市场上竞争力的影响因素研究已取得了丰富的成果，见表4-1。

国际工程承包企业竞争力影响因素研究　　　　表 4-1

代表性研究	影响因素
Hatush 和 Skitmore[214]	财务健全性、技术能力、管理能力、健康和安全以及声誉等
李启明等[215]	品牌影响、市场开拓、管理、技术、资源、融资等
Shen 等[216]	社会影响力、技术能力、融资能力和会计地位、营销能力、管理技能、组织结构和运营等
李小冬等[217]	市场、人才、技术、资金、组织和形象等
Shen 等[218]	投标价格、施工方案、资金能力、与利益相关者的关系、过去经验等
Tan 等[219]	企业形象、技术能力、财务能力、市场能力、管理技能、人力资源等
Zhao 和 Shen[220]	成本、技能、专业化、金融支持、与东道国的良好关系等
孟延春和徐银槚[221]	多元化经营
鲁娜、林艺馨[159]	技术、施工设备、管理
张进财和左小德[222]	资本、设备、规模、人力资源、科技创新、盈利能力、运营能力、产品市场占有、国际化水平
赵振宇和高洁[223]	技术、管理、市场、结盟等

从表 4-1 可以看出，对于国际工程承包企业而言，技术、资金、人力、管理、创新、国

际化水平、企业文化等这些因素是影响其在国际承包市场竞争力的关键因素，这对指导企业在激烈的市场竞争环境中如何提升竞争力提供了一定的参考。需要注意的是，学术界对国际工程承包企业竞争优势的研究还在不断更新。随着国际承包市场对工程服务需求的多样化和精细化发展，工程承包企业的竞争优势来源也从封闭逐渐转向开放。工程承包企业的竞争力也逐渐地从企业自身延伸到外部的资源整合上，通过生态系统来构建企业竞争优势已经是大势所趋[156]。但目前生态系统在工程领域的研究尚处于萌芽阶段，生态系统视角下的工程承包企业竞争优势的相关研究仍处于"黑箱"状态，有必要进行深入分析。有鉴于此，本书将对国际工程承包企业生态位差异的形成过程进行分析，进而提出工程企业生态位差异的解释模型，以期为国际工程承包企业做出生态位调整进而提高生态优势提供有益借鉴和参考。

4.1.2　企业生态优势的内涵与构建

（1）企业生态位与生态优势

关于企业生态位和企业生态优势的关系，现有研究表明企业生态位是企业生态优势的标志，生态位也是企业获取生态优势的关键[224]。因为企业生态位状况既决定了企业在生态系统中多维资源占用的情况，也反映了企业对资源环境的适应能力，因此，企业生态位在一定程度上代表了企业的生存力、竞争力和发展力[225-226]。通常来讲，如果企业在生态系统中能够占据关键的生态位，则意味着企业拥有资源优势，可以在生态系统中获得一定的决策权和影响力，从而为企业带来生态优势。生态优势不仅为企业增加了竞争优势，而且可以帮助企业赢得声望从而增加追随者，也更容易获取资源和信息[227-228]。此外，与优势生态位的企业合作可以助力合作伙伴之间更好、更快地应对市场环境，同时可以帮助合作伙伴更有效地解决问题[229]。这一思想也正体现了生态系统理论中成员之间的互利共生有助于生态成员协同发展和价值共创，同时也有助于整个生态合作网络的迭代升级[144]。需要注意的是，企业生态位会发生变迁，产生这一现象的主要原因是企业对市场资源占用的情况发生了改变。其不仅受市场环境的影响，也受企业自身资源能力的影响。在这两方面的共同作用下，企业对生态环境的资源占用情况就会发生变化，这会进一步影响企业消化、吸收和学习的能力[230]。面对这一问题，为了提升市场竞争力，企业可以主动创造或调整生态位[231]。

综上所述，现有研究对生态系统视角下企业生态位反映其生态优势这一观点已达成共识，企业生态位的变化会影响企业的竞争力。由于企业的生存是在与环境的不断作用中演进，企业生态位也会发生变迁。在这一过程中，企业不仅被动受环境的影响产生生态位的变化，而且企业具有主观能动性，可以主动、有目的地进行生态位调整活动，从而实现企业与环境的共同进化。但需要注意的是，与自然界的生物存活法则一样，企业的生存也遵循适者生存规律。因此，企业生态位虽然反映了企业的生态优势，但它不是以赢得竞争为目标，它更强调对环境的适应性。

（2）企业生态优势的提出与内涵

随着商业生态系统理论的提出和发展，传统的企业竞争优势理论已不能全面解释企业竞争优势的构建。因为，互联网的发展给企业的生存环境和竞争方式等都带来了深刻的影响，一方面体现在价值链上的各方联系更加紧密，企业的发展不仅要考虑供给端还要考虑需求端，需要从全生命周期角度看待企业的角色和发展；另一方面体现在企业的战略资源不仅来源于企业自身，更加强调企业对自身以外资源的整合，通过成员之间的相互借力来进行价值创造[232-233]。为了更好地描述这一背景下的企业竞争优势，学者们提出了企业生态优势的概念，它是传统建筑优势的演化和发展。企业生态优势是指在商业生态系统中，企业通过对内外部资源和能力等要素的整合、撬动和利用，为自身及整个生态系统带来的价值创造和价值获取的潜力[234]。从这一定义可以看到，生态优势更加强调企业对外部资源的整合以及生态成员之间的互动、互惠共生和价值共创[235]。

由于与传统的企业竞争优势理论存在差异，企业生态优势的形成与构建也存在独特之处[236-237]。商业生态系统的构建为企业构建生态优势提供了强大的活力，已被越来越多的学者关注[234][238]。由于企业的发展受自身资源和能力的限制，传统的竞争优势理论在解释企业竞争优势时很难突破资源的瓶颈。商业生态系统强调成员企业通过共同构建的价值平台，可以营造出一个资源、能力、优势共享的动态系统，借助这一平台成员间互补和支持，实现系统资源的有效利用。生态系统为企业带来的竞争优势已经从企业内部拓展到外部更大的范围，生态成员之间也形成了更加复杂的合作关系[239]。由于生态系统的动态性和开放性，生态成员之间可以通过相互作用、协同发展来撬动其他资源扩大规模，最终形成生态优势[240]。

（3）企业生态优势的构建

从本质来看，企业生态优势的构建是在企业原有核心竞争力的基础上，通过与外部更多的资源体建立联系，通过内外资源的整合利用，来进一步扩大企业竞争能力[238]。生态优势的出现也使学者们开始探索企业生态优势的构建过程，目前学者们提出了一些企业生态优势的构建机制，见表4-2。

企业生态优势的构建机制　　　　　　　　　　　　　　　表 4-2

获取机制	生态优势的获取过程	代表性研究
资源、连接、网络	生态优势的构建重视资源体之间关系的连接，重点在于企业对内外部资源的获取和整合利用能力。通过这一资源网络关系的构建，形成网络效应，实现网络关系内成员的联动发展	李然忠等[241]
资源和能力	企业获得生态优势的关键在于企业对商业生态圈中其他资源和能力的撬动	张镒等[236]
平台开放、资源整合与机会开发	生态系统为成员构建优势的关键在于价值平台的共享，成员企业可以通过这一平台获取互补性资源保障企业发展的同时，还为企业之间的联系与合作提供了可能性	周小虎等[242]
互联网技术	互联网技术为促进不同资源主体构建生态优势提供了很好的技术基础	潘松挺[234]
组合生态圈内元素协调、优化伙伴关系	生态优势强调了成员之间的协同性，因此企业生态优势的构建不仅关系自身的发展，还受其他成员的影响，因此企业需要做好生态系统中的关系管理	廖建文和崔之瑜[235]

综上，企业生态优势不仅来源于自身资源和能力的影响，更重要的是通过企业对外部资源的整合和利用来实现[234]。企业生态优势构建过程不仅放大了企业原有的核心竞争力，而且能帮助企业实现更大范围的竞争力提升，从而在市场环境中形成优势地位。

4.1.3　国际工程承包企业生态位的构建

通过回顾企业生态位的定义，本书认为企业生态位的差异实质是由企业对资源获取和利用的差异导致。而且企业生态位构建生态优势不仅强调了企业对内部资源和能力的优化升级，更加强调企业对外部要素的撬动和整合。通过上文对企业生态位差异影响因素的综述，可以推断产生国际工程承包企业生态位差异的原因众多，但这些因素还缺乏统一的分析框架。为此，本书基于生态位和生态优势的关系，参考前文生态优势构建机制的相关研究，认为国际工程项目企业生态位差异主要是由企业资源能力的不同导致。因此，本书通过对国际工程承包企业生态位差异的关键资源能力进行分析，以此来构建企业生态位差异的解释模型。

（1）国际工程承包企业生态位差异的关键资源能力分析

1）企业规模

企业规模反映了企业用于生产经营活动的资源储备情况，是企业资源能力的重要表现之一。一般来说，企业规模越大，就表明企业所控制的资源越丰富，也更容易产生剩余资源。有研究指出，与缺乏剩余资源的企业相比，拥有剩余资源的企业更容易开拓新的业务领域，在市场中的竞争力也会更高。企业规模一般会随着市场经营过程逐步扩大，在企业规模扩大的过程中，企业的市场经验和企业能力也得到了积累和提升，这为企业抵抗风险和应对市场挑战带来一定的优势。因此，国际工程承包企业规模是影响企业构建生态优势的重要资源能力因素。

2）经营能力

企业经营能力是衡量企业对其资源能力调动和利用的有效性评价的重要指标，是企业一项非常重要的关键资源能力。现有研究指出，企业经营能力在一定程度上体现了企业生存和发展的可能性，企业经营能力越强意味着企业在市场经营中对外部环境的适应性和应变性越强，生存和发展的潜力也更大，其竞争能力更强[243]。由此看来，国际工程承包企业经营能力是影响企业构建生态优势的重要资源能力因素。

3）资金能力

企业资金能力是测算企业财务资源的重要指标，也反映了企业获取其他资源的可支付能力。一般来说，企业的资金能力越强，意味着企业具有强大的金融支持，企业在获取其他资源时的竞争能力就会越强。随着当前国际承包市场对融资水平的要求越来越高，工程企业的资金能力已逐渐成为企业在国际承包市场竞争取胜的关键条件[244]。在国际承包市场的业务模式中，以往的 DBB、EPC 等传统模式也逐渐转向带资承包、融资承包的模式。由此看来，国际工程承包企业资金能力也是影响企业构建生态优势的重要资源能力因素。

4）技术创新能力

创新是企业高质量发展的重要推力，企业技术创新能力衡量了企业将资源转换成创新成果的有效性，是企业获得竞争优势的一种重要能力[245]。一般来说，企业技术创新能力越强，意味着企业运用资源、获取创新成果的能力就越强，这会帮助企业实现技术赶超，提升竞争优势[246]。在工业化、信息化和绿色化的发展趋势下，企业技术创新能力越来越受到重视，工程企业也在不断提高装配式技术、BIM 技术等的开发和利用[247]。由此看来，国际工程承包企业技术创新能力是影响企业构建生态优势的重要资源能力因素。

5）国际化程度

现有研究普遍认为国际工程项目建设是一项高风险的跨国界经营活动，企业的国际化程度对企业海外市场风险认知和竞争优势会产生重要影响[248]。一般而言，在面临跨地域、跨制度和跨文化的情况下，国际化程度较大的企业意味着其具有丰富的国际市场经验，这些经验的积累构成了企业的无形资产，可以帮助企业较好地克服外来者劣势[249]。另外，国际化程度较高的企业在应对市场风险和识别市场机会时的能力也会更强。因此，国际工程承包企业国际化程度是影响企业构建生态优势的重要资源能力因素。

6）企业社会责任

随着生态环境保护和人类命运共同体理念的逐步深入，企业社会责任履行是企业赢得利益相关方认可、营造良好市场经营环境，最终实现企业与社会共同可持续发展的重要根基[250]。目前，市场经营中对企业社会责任的重视程度越来越高，也逐渐成为企业市场竞争力的一个重要内容。尤其在平台经济和生态系统发展的新时代背景下，企业之间的关联性越来越强，这也进一步增强了企业社会责任的重要性[122]。因此，国际工程承包企业社会责任是影响企业构建生态优势的重要资源能力因素。

（2）国际工程承包企业生态位的构建

基于上文分析，面对当前全球环境的新形势、新挑战，国际工程承包企业生态优势构建的关键资源能力主要体现在企业规模、经营能力、资金能力、技术创新能力、国际化程度、企业社会责任六个方面。本书基于组态思维，构建这六个因素形成的组态，探索其对国际工程承包企业生态位影响的"联合效应"，充分挖掘多因素协同联动对国际工程承包企业生态位的影响机制，如图4-1所示。

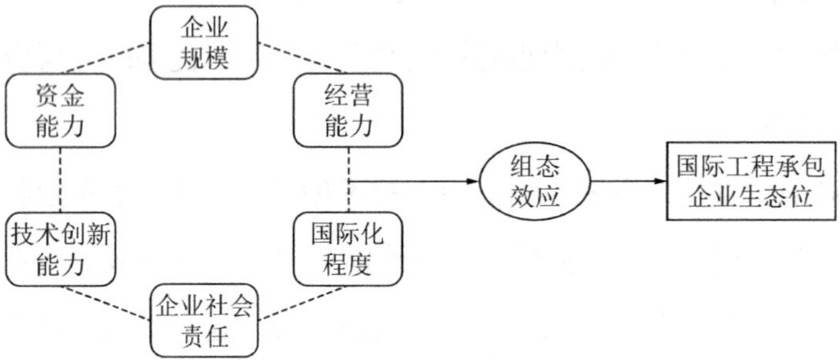

图4-1 国际工程承包企业生态位差异的分析模型

4.2 国际工程承包企业生态位差异的组态效应分析

4.2.1 变量测量

（1）国际工程承包企业生态位

本书的被解释变量是国际工程承包企业生态位，该指标反映了工程承包企业在国际市场中的资源利用情况。企业生态位的衡量一般包括企业生态位宽度和生态位重叠度两个方面，而生态位重叠度反映了两个企业之间生态位上的相似程度，属于两个企业之间的特征。由于本书只考察单个企业生态位差异的过程机制，因此本书对工程承包企业生态位的衡量只关注生态位宽度。本书借鉴 Zhao 等[188]研究对国际工程承包企业生态位的测量方式，考虑数据的可得性，选取承包企业涉足的行业细分市场的海外承包营业额为研究数据，采用 Simpson 指标来计算，计算公式如下：

$$NW_{(g/p)i} = 1 - \sum_{j=1}^{r} p_{ij}^2 \tag{4-1}$$

其中，$NW_{(g/p)i}$ 表示国际工程承包企业生态位的宽度，i 是市场维度；p_{ij} 表示国际工程承包企业 i 在市场 j 上的营业额占其在各市场营业总额的比例；r 表示市场的总数量。生态位宽度的极限值 1 代表承包企业的收入分布在所有市场上。

本书细分市场种类的细分标准参照 ENR 报告分类标准，见表 4-3。

国际工程承包市场细分 表 4-3

细分种类	细分内容
一般建筑（General Building）	商业建筑、办公室、商店、教育设施、政府建筑、医院、医疗设施、酒店、公寓、住房等
制造业（Manufacturing）	汽车制造、电子装配、纺织厂等
电力（Power）	火力发电厂、水力发电厂、垃圾发电厂、输电线路、变电站、热电厂等
水利（Water Supply）	大坝、水库、输水管线、配水管、灌溉渠、海水淡化和饮用水处理厂、水泵站等
排水/废弃物（Sewerage / Solid Waste）	污水和雨水下水管道、污水处理厂、抽水厂、焚化炉、工业废物处理设施等
工业处理（Industrial Process）	纸浆和造纸厂、钢铁厂、有色金属精炼厂、制药厂、化工厂、食品和其他加工厂等
石油化工（Petroleum）	炼油厂、石化厂、海上设施、油气管道等
交通运输（Transportation）	包括机场、桥梁、公路、运河、水闸、疏浚、海洋设施、码头、铁路、隧道等
有害废物处理（Hazardous Waste）	化学、核废料处理，石棉和铅减排等
电信（Telecommunications）	包括传输线、电缆、通信塔和天线、数据中心等
其他（Other）	—

（2）企业规模

本书对于国际工程承包企业规模的测量，参考张楠和吴先明等研究成果[251]，用企业在职员工总数来衡量，数据来源于上市公司年报中披露的数据。

（3）经营能力

本书对国际工程承包企业经营能力的测量，参考王正位等研究成果[252]，用国际工程承包企业的总收入来表示企业的经营能力，数据来源于 ENR 官网披露的各企业在国际承包市场的经营数据。

（4）资金能力

本书对国际工程承包企业资金能力的测量，借鉴王幼松等研究[253]，采用反映企业抵抗财务风险能力的资产负债率（负债总额/资产总额）指标来衡量工程承包企业的资金能力，数据来源于上市公司年报中披露的数据。

（5）技术创新能力

本书对国际工程承包企业技术创新能力的测量，借鉴马卫华等[254]的研究，研究采用企业的研发费用投入来衡量国际工程承包企业的技术创新能力，数据来源于上市公司年报中披露的数据。

（6）国际化程度

本书对国际工程承包企业国际化程度的测量，参考樊钱涛和谢光毅等研究成果[248]，用国际收入与总收入之比来表示国际化程度，数据来源于 ENR 官网披露的各企业在国际承包市场的经营数据。

（7）企业社会责任

本书对国际工程承包企业社会责任的测量，借鉴程晨等[255]、陈志军和闵亦杰[256]等的研究方法，在第三方中立机构"和讯网"编制的中国上市公司社会责任报告中收集企业社会责任评分，以衡量国际工程承包企业履行社会责任的程度。

至此，本章研究变量的测量方式见表4-4。

本章研究变量的测量方式   表 4-4

变量类型	变量名称	测量方式	数据来源	借鉴文献
被解释变量	企业生态位	Simpson 指标	ENR 官网	Zhao 等[188]
解释变量	企业规模	企业在职员工数	公司年报	张楠和吴先明[251]
	经营能力	总收入	ENR 官网	王正位等[252]
	资金能力	资产负债率	公司年报	王幼松等[253]
	技术创新能力	研发费用	公司年报	马卫华等[254]

续表

变量类型	变量名称	测量方式	数据来源	借鉴文献
解释变量	企业社会责任	社会责任评分	和讯网	程晨等[255]；陈志军和闵亦杰[256]
	国际化程度	国际收入与总收入之比	ENR 官网	樊钱涛和谢光毅[248]

4.2.2　数据来源

本书将选取 2021 年 ENR（Engineering News-Record）250 强报告中上榜的 78 家中国企业中的 A 股上市企业为研究对象。主要原因如下：首先，ENR 报告是对国际工程承包市场建设情况统计的一个比较权威、客观、全面的数据来源，已被用于诸多国际工程领域的相关研究[257]。其次，考虑数据的可靠性和可获得性，因为 A 股上市公司的相关信息披露比较规范和完整，研究者可在公司年报或公司官方网站中获得诸多信息。

本书的数据来源主要从 ENR 官网、各企业年报、公司官方网站和中国上市公司资讯网（例如巨潮资讯、华泰证券、广发证券等）以及第三方网站（例如和讯网等）中获得。本书选取了 2018—2020 年 18 家 ENR 250 强中国上榜企业中的 A 股上市公司为样本，并对所选取的样本进行以下方面的筛选：剔除上市公司年报披露不详实及数据缺失的样本企业。根据上述的样本筛选条件，最后得到 17 家工程承包企业，共计 51 个年度企业样本数据，达到了 fsQCA 分析方法的中等样本容量[190]，企业名单见附录 B。

4.2.3　数据分析

（1）变量校准（Calibration）

由于定性比较分析方法是基于集合进行运算的，变量校准是进行模糊集定性比较分析（fsQCA）的前提，其目的是根据一定的校准标准将各变量数据转换为模糊隶属分数。本书参考既有的研究，将各变量的最大值、均值、最小值作为变量完全隶属、交叉点及完全不隶属的锚点值，利用 fsQCA3.0 分析软件中的"Calibrate"函数对所有变量进行校准，校准标准和结果详见表 4-5。

变量校准标准和结果　　　　　　　　　　　　　表 4-5

变量类型	变量名称	锚点		
		完全隶属	交叉点	完全不隶属
解释变量	企业规模	356864	83634.43	1223
	经营能力	195658.7	41784.6	245.1

续表

变量类型	变量名称	锚点		
		完全隶属	交叉点	完全不隶属
解释变量	资金能力	92.46	73.08	57.44
	技术创新能力	2552255	545735.3	628.91
	国际化程度	0.9994	0.2534	0.0151
	企业社会责任	32.63	22.32	0.21
被解释变量	企业生态位	0.776	0.378	0

（2）单一条件的必要性分析

在对变量校准之后，fsQCA 数据分析的第一步是单一条件的必要性分析，这一步骤旨在对各个条件变量对因变量的解释力进行评估。这一过程数据分析结果的判断标准通常是根据结果的一致性及结果的覆盖率两个指标进行衡量。一致性是各条件变量对结果变量的解释程度，而覆盖率是某一特定条件对结果发生的支持程度。本书参考了 Skaaning[258]以及 Ragin 和 Fiss[259]研究提出的判断标准，当数据分析结果的一致性和覆盖率两个指标均超过 0.9 的阈值时，可以得到该前因条件是解释结果的单一必要条件。本书运用 fsQCA 3.0 分析软件，对企业规模、经营能力、资金能力、技术创新能力、企业社会责任及国际化程度在解释企业生态位的必要性进行了分析，数据分析结果见表 4-6。

条件变量必要性检验 表 4-6

前因变量	"宽"企业生态位		"窄"企业生态位	
	一致性	覆盖率	一致性	覆盖率
企业规模	0.4638	0.7728	0.3658	0.5742
～企业规模	0.7445	0.5548	0.8553	0.6004
经营能力	0.4848	0.8088	0.3678	0.5781
～经营能力	0.7471	0.5564	0.8783	0.6163
资金能力	0.6744	0.7229	0.6407	0.6469
～资金能力	0.6706	0.6645	0.7255	0.6774
技术创新能力	0.4962	0.7845	0.3933	0.5858
～技术创新能力	0.7380	0.5635	0.8553	0.6153
企业社会责任	0.7449	0.6842	0.7494	0.6485
～企业社会责任	0.6173	0.7233	0.6350	0.7010
国际化程度	0.4162	0.6096	0.5348	0.7379
～国际化程度	0.8210	0.6520	0.7171	0.5364

注："～"表示逻辑运算非集，表示变量处于较低水平。

从表 4-6 的结果可知，各前因变量企业规模、经营能力、资金能力、技术创新能力、企业社会责任、国际化程度对国际工程承包企业生态位这一结果变量的一致性和覆盖率值均未达到 0.9 的门槛值，由此判断上述各单一前因变量不构成结果变量的必要条件，即这些单一前因变量对结果变量的单独解释力不强。这就意味着国际工程承包企业生态位差异的解释并不能由企业规模、经营能力、资金能力、技术创新能力、企业社会责任、国际化程度某一因素单独解释。

（3）前因条件组合的充分性分析

为了进一步探讨所有前因条件形成的组合对国际工程承包企业生态位差异的共同解释程度，本书对这些前因条件组合对结果变量解释的充分性进行了分析。在这一过程中，本书首先对案例频数阈值、一致性阈值以及 PRI 一致性阈值进行了设定，根据这些标准得到了各变量的真值表。其中案例频数阈值是指在分析过程中要考虑覆盖的最小样本数量，一致性阈值是各条件变量组态和结果关联的最低可接受程度。本书借鉴 Ragin 的研究对一致性门槛和案例频数的阈值设定标准，将一致性阈值设定为 0.8，案例频数设定为 1。同时，为了规避同时子集关系的现象，对 PRI 设定标准参考张明和杜运周[260]研究的建议，剔除了 PRI 一致性小于 0.7 的真值表行。

为进一步对变量间的因果非对称关系进行深入解析，本书分别详细考查了触发国际工程承包企业"宽"生态位和"窄"生态位两种最终结果的前因构型。参考大部分研究惯例，本书也采用中间解进行结果解读。根据上述操作程序，本书共计得到 3 种达成工程承包企业"宽"生态位前因条件构型和 1 种达成工程承包企业"窄"生态位前因条件构型，见表 4-7。

工程承包企业生态位前因条件构型　　　　　　　　　　　　表 4-7

前因变量	"宽"生态位			"窄"生态位
	构型 1	构型 2	构型 3	构型 4
企业规模（CS）	●	●		⊗
经营能力（TR）	⬤	⬤	⬤	⊗
资金能力（FC）	●		●	⬤
技术创新能力（TI）	⬤	●	●	⊗
企业社会责任（CSR）		●	●	⊗
国际化程度（IE）	⊗	⊗	⊗	⬤
一致性	0.9541	0.9089	0.9618	0.9444

前因变量	"宽"生态位			"窄"生态位
	构型1	构型2	构型3	构型4
原始覆盖度	0.4033	0.3911	0.4128	0.2882
唯一覆盖率	0.0209	0.0088	0.0305	0.2882
解的一致性	0.9128			0.9444
解的覆盖率	0.4425			0.2882

注：●表示核心条件存在；●表示边缘条件存在；⊗表示核心条件缺失；"空白"表示条件可存在、可不存在。

由表 4-7 可知，本书得到的 3 条前因条件构型的总体一致性为 0.9128，达到了 0.8 的阈值标准，表明这 3 条构型对"宽"国际工程承包企业生态位的解释程度为 91.28%。总体覆盖率为 0.4425，表明该研究结果能够覆盖 44.25% 的样本情况。同时，本书各条构型的单独一致性也均达到了 0.8 以上，进一步验证了各条路径与工程承包企业"宽"生态位和"窄"生态位之间的良好子集关系，即前因变量之间的组合对结果变量有较为理想的解释力。

从纵向的单条构型来看，构型 1 为"企业规模大 + 经营能力强 + 资金能力强 + 技术创新能力强 + 国际化程度低"共存的条件组合是达成工程承包企业"宽"生态位的充分条件，其中"经营能力强"和"国际化程度低"为核心条件，"企业规模大""资金能力强""技术创新能力强"为边缘条件，企业社会责任可存在、可不存在。该构型的一致性为 0.9541，原始覆盖率为 0.4033，表明此型对工程承包企业"宽"生态位的解释程度能够达到 95.41%，且该构型能够覆盖 40.33% 的样本企业"宽"生态位的形成情况。这一模式的代表样本包括中国中铁、中国铁建、中国建筑、中国电建等。

构型 2 为"企业规模大 + 经营能力强 + 技术创新能力强 + 企业社会责任强 + 国际化程度低"共存的条件组合是达成工程承包企业"宽"生态位目标的充分条件，其中"经营能力强"和"国际化程度低"为核心条件，"企业规模大""技术创新能力强""企业社会责任强"为边缘条件，资金能力可存在、可不存在。该构型的一致性为 0.9089，原始覆盖率为 0.3911，表明此型对工程承包企业"宽"生态位的解释程度能够达到 90.89%，且该构型能够覆盖 39.11% 的工程承包企业"宽"生态位的形成情况。这一模式的代表样本包括中国建筑、中国铁建、中国中铁、中国交建等。

构型 3 为"经营能力强 + 资金能力强 + 技术创新能力强 + 企业社会责任强 + 国际化程度低"共存的条件组合是达成工程承包企业"宽"生态位目标的充分条件，其中"经营能力强"和"国际化程度低"为核心条件，"资金能力强""技术创新能力强""企业社会责任强"为边缘条件，企业规模可存在、可不存在。该构型的一致性为 0.9618，原始覆盖率为 0.4128，表明此构型对工程承包企业"宽"生态位的解释程度能够达到 96.18%，且该构型能够覆盖 41.28% 的工程承包企业"宽"生态位的形成情况。这一模式的代表样本包括中国铁建、中国建筑、中国中铁、上海建工等。

构型 4 为"企业规模小 + 经营能力弱 + 资金能力强 + 技术创新能力弱 + 企业社会责任弱 + 国际化程度高"共存的条件组合是达成工程承包企业"窄"生态位目标的充分条件，其中"企业规模小""经营能力弱""资金能力强""技术创新能力弱""企业社会责任弱""国际化程度高"为核心条件。该构型的一致性为 0.9444，原始覆盖率为 0.2882，表明此构型对工程承包企业"窄"生态位的解释程度能够达到 94.44%，且该构型能够覆盖 28.82% 的工程承包企业"窄"生态位的形成情况。这一模式的代表样本包括中油工程等。

（4）稳健性检验

由于定性比较分析方法（QCA）在数据分析过程中有多个阈值设定的环节，而且现有研究对这些阈值的设定还未形成统一的认定。因此，运用定性比较分析方法时通常需要对研究结果的稳健性进行检验。现有学者对该方法研究结果稳健性的检验给出了一些方法，例如更改变量校准的锚点设定标准，更改一致性阈值、覆盖率、案例频数阈值及 PRI 一致性阈值等。如果运用这些方法所运行的数据分析结果未发生实质性变化，则可认定原有的研究结果具有稳健性。为检验前文得到的国际工程承包企业生态位的前因条件解释构型是否具有稳健性，本书通过两种检验方法，即改变各变量数据校准标准，通过将各变量的 75%、50%、25% 作为变量完全隶属、交叉点及完全不隶属的锚点值和把原始一致性阈值提高到 0.85 两种方法，得到的分析结果均一致，见表 4-8。

更改校准标准后的国际工程承包企业生态位前因条件构型　　　　表 4-8

前因变量	"宽"生态位			"窄"生态位
	构型 1	构型 2	构型 3	构型 4
企业规模（CS）	●	●		⊗
经营能力（TR）	●	●	●	⊗
资金能力（FC）	●		●	●
技术创新能力（TI）	●	●	●	⊗
企业社会责任（CSR）		●		⊗
国际化程度（IE）	⊗	⊗	⊗	●
一致性	0.9541	0.9089	0.9618	0.9444
原始覆盖度	0.4033	0.3911	0.4128	0.2882

续表

前因变量	"宽"生态位			"窄"生态位
	构型1	构型2	构型3	构型4
唯一覆盖率	0.0209	0.0088	0.0305	0.2882
解的一致性	0.9128			0.9444
解的覆盖率	0.4425			0.2882

注：●表示核心条件存在；●表示边缘条件存在；⊗表示核心条件缺失；"空白"表示条件可存在、可不存在。

由表 4-8 的结果可知，调整变量校准标准和一致性阈值后的条件组态与调整阈值前条件结果一致。因此，本书前文得到的国际工程承包企业生态位差异的条件组态的分析结果是稳健和可靠的。

4.3 研究结果与讨论

国际工程承包企业生态位实际反映了企业在国际承包市场的多元化经营程度，具有"宽"生态位的工程承包企业在国际工程承包市场占据了多个细分市场的业务。根据上文的分析结果，本书认为企业规模、经营能力、资金能力、技术创新能力、国际化程度以及企业社会责任共同解释了国际工程承包企业生态位的差异。总的来看，在样本案例中，生态位较"宽"的代表性样本包括中国交建、中国电建、中国建筑、中国铁建、中国中铁等。从这些工程企业跻身国际承包市场业务的实践来看，这些企业除了主营业务上实现了营业额的不断增长，而且还在积极拓展新的业务领域，培育创效业务，为企业带来了新的经济增长点。这些企业通过多元化经营培育企业的国际工程项目综合服务能力，提升市场竞争力，这也使得这五大企业在近几年 ENR 250 强中国上榜企业排名中总体跻身前列。具体地，从经营业务来看，中国交建、中国建筑、中国铁建、中国中铁除了一般建筑和交通运输的主营业务之外，中国交建还涉足制造业、水利、废弃物领域；中国建筑还涉足制造业、电力、水利、石油、废弃物领域；中国铁建还涉足在电力、水利、石油、电信领域；中国中铁还涉足制造业、石油领域。中国电建的业务板块除了主营的电力、一般建筑、交通运输业务之外，也涉足水利、废弃物、石油领域。这也充分说明了这些工程承包企业通过在国际承包市场的多元化经营，占据了市场的多维资源，形成了较"宽"的生态位。

从本书得到的解释国际工程承包企业差异的构型结果来看，企业生态位的差异受企业规模、经营能力、资金能力、技术创新能力、国际化程度和企业社会责任的共同影响，单一因素对企业生态位差异的解释力不强。解释企业"宽"生态位的三种构型，即"企业规

模大 + 经营能力强 + 资金能力强 + 技术创新能力强 + 国际化程度低""企业规模大 + 经营能力强 + 技术创新能力强 + 企业社会责任强 + 国际化程度低"及"经营能力强 + 资金能力强 + 技术创新能力强 + 企业社会责任强 + 国际化程度低",均包括经营能力强、技术创新能力强、国际化程度低这三方面的特征。这就说明国际工程承包企业样本案例中具有较"宽"生态位的企业的经营能力强、技术创新能力强,而国际化程度低。对于经营能力强和技术创新能力强对工程承包企业"宽"生态位的解释相对容易理解,企业经营能力越强意味着企业对其资源能力调动和利用的有效性越高,企业在市场经营中对外部环境的适应性和应变性就越强。企业技术创新能力越强意味着企业运用资源来获取创新成果的能力就越强,这会帮助企业实现技术赶超,提升竞争优势。在这两方面的影响下,工程承包企业在国际承包市场上获取和占用资源就会相对容易,对环境的适应性也会增强,因此企业会形成较"宽"的生态位。

对于国际化程度低对样本案例中企业"宽"生态位的解释和国际化程度高对样本案例中企业"窄"生态位的解释,本书认为产生这一结果的原因可能如下:样本案例中国际化程度低代表了企业国际收入与总收入之比较小,代表性样本包括中国交建、中国中铁、中国铁建、中国建筑、中国电建、上海建工等,这些企业在国内的承包市场也占据了很大的市场份额,使得企业的总收入中很大一部分来自国内业务板块。而国际化程度高代表了企业国际收入与总收入之比较大,代表性样本包括中油工程等,这些企业在国内的承包市场所占份额比较低,而企业的总收入中很大一部分来自国际业务板块。这也说明了国际化程度这一单一因素对企业生态位差异的解释不强,因此,在拓宽企业生态位时不能仅依靠单一因素的调整。

此外,企业规模、资金能力以及企业社会责任在拓宽工程承包企业"生态位"方面发挥互补增强的作用。因此,工程承包企业生态位的拓宽不仅要增加研发投入提高技术创新能力、提高营业能力增加营业总收入、注重国内市场和国际市场"双循环"发展路径,还需要综合考虑企业规模、资金能力以及企业社会责任的互补增强作用。

4.4 本章小结

本章基于生态系统视角,整合了生态位及竞争优势的相关研究观点,建立了国际工程承包企业生态位差异的解释模型。本章的具体过程和内容如下:首先,围绕国际工程承包企业生态位及竞争优势构建的相关研究进行了文献梳理,包括国际工程承包企业竞争优势来源、企业生态优势的内涵与构建及国际工程承包企业生态位的构建，进一步明确了国际工程承包企业生态位差异的形成主要是企业生态优势关键资源能力的不同导致。其次，本书分析了国际工程承包企业生态优势的关键资源能力，主要包括企业规模、经营能力、资金能力、技术创新能力、国际化程度、企业社会责任六个方面。最后，本书基于组态思维，运用模糊集定性比较分析方法（fsQCA）对这六个因素形成的组态对工程企业生态位的复杂因果关系进行了分析，得到了企业生态位差异的不同条件构型。

本章的研究结果表明，国际工程承包企业生态位差异实质是由企业对资源获取和利用的差异导致，国际工程承包企业生态位的差异是由企业规模、经营能力、资金能力、技术创新能力、国际化程度、社会责任履行能力六个因素共同作用的结果。在这六个因素形成的组态中，本书共计得到了三种达成工程承包企业"宽"生态位前因条件构型和1种达成工程承包企业"窄"生态位前因条件构型。其中，工程企业"宽"生态位的前因条件构型均包括经营能力强、技术创新能力强、国际化程度低这三方面的特征，而且经营能力强和国际化程度低是核心条件。此外，企业规模、资金能力以及企业社会责任在拓宽工程企业生态位方面发挥互补增强作用。因此，国际工程承包企业生态位的拓宽不仅要增加研发投入提高技术创新能力、提高营业能力增加营业总收入、注重国内市场和国际市场"双循环"发展路径，还需要综合考虑企业规模、资金能力以及企业社会责任的互补增强作用。

本章揭示了国际工程承包企业生态位差异形成的过程机制，一方面可以帮助国际工程承包企业明确生态位调整的方向，从而为企业进行生态位优化增强竞争优势提供理论依据；另一方面有助于理解企业生态位产生"资源"和"信息"效应背后的原因，为进一步研究企业生态位的影响提供理论铺垫。因此，本章的研究为后文研究国际工程承包企业生态位对企业合规行为的影响提供了重要的理论基础。

第 **5** 章

中国对外承包工程企业生态位对其
合规行为的影响

网络理论相关研究表明，网络成员在网络中的位置会对其行为产生影响，而且与其在网络中的影响力也存在一定关系。尤其对于网络中的核心成员来说，这一现象更为明显，核心成员担任了网络知识转移和扩散的重要角色，会促进知识的溢出。基于这一观点，考虑到国际工程承包企业在国际工程项目生态系统构建中发挥着平台型引领作用，其合规行为可能会受到企业在生态系统中生态位差异的影响。因此，本章旨在探究生态位差异的国际工程承包企业是否会产生合规行为上的差异，即揭示国际工程承包企业生态位对其合规行为的影响机理。

5.1　网络位置对企业行为影响的理论观点

受网络位置的"资源"和"信息"效应的影响，位置取向研究是网络结构分析中的一项重要内容，主要关注网络结构中成员的位置对其认知和行为的影响[261-262]。企业在网络中的位置会对企业声望和权力产生重要影响[263]。Podolny 的研究指出，在市场交易中，行为主体的市场地位能够产生重要的信号，交易伙伴在应对信息不对称带来的交易风险时，可以通过对交易伙伴的市场地位进行评估，从而为交易决定作参考[264]。

网络中心度和结构洞是社会网络研究中衡量主体网络位置的两个重要指标。网络中心度强调主体所拥有的网络连接数量，中心度越高的成员越接近网络中心枢纽的角色[265]。而结构洞表征了主体在网络中连接的缺失程度，处于结构洞位置的成员可以更容易地建立非冗余的连接[266]。基于这两个核心概念，不少研究开展了主体的网络位置对其行为的影响。例如 Koka 和 Prescott 研究了联盟网络中成员的位置对企业绩效的影响，结果表明，处于联盟网络中心位置成员的企业绩效更好[267]。这不仅是因为处于网络中心位置或占据较多结构洞的企业在获取知识和技术方面更有优势，从而促进企业创新和绩效的提升[268]，而且处于网络中心位置的成员也会更容易获取信息和资源，位于结构洞的成员会加速促进知识在网络中的扩散和转移[269]，从而有助于企业实现能力和绩效的提升[270]。在工程项目网络的相关研究中，也有不少学者揭示了主体网络位置的影响。例如 Sedita 和 Apa 的研究结果表明，在公共采购项目网络组织中，处于网络中心位置的工程企业的合作能力通常比较强，会对项目成功产生积极的影响[27]。

生态系统作为一种新型的网络组织，目前有少量研究关注生态成员在系统中的位置带来的影响。例如有研究已经证实，在生态系统中成员的位置决定了其在整个生态系统中获取资源和提升能力的可能性[135]。而且辛杰的研究进一步指出，平台型企业处于生态系统的中心位置，在整个生态圈中发挥重要的引擎作用[271]。

综上所述，网络结构是网络成员信息沟通和资源交换的重要渠道，由于网络位置存在"资源"效应和"信息"效应，成员的网络位置会影响其获取资源和机会的可能性[29]。然而，现有研究还较少分析企业在网络中的位置对企业合规行为的影响，企业在网络中的位置差异是否会产生其合规行为的差异还需要进一步检验。有鉴于此，在前文的基础上，本章将开展国际工程承包企业生态位对其合规行为影响机理的研究。

5.2 研究假设及理论模型

5.2.1 工程承包企业生态位宽度和重叠度对企业合规行为的影响

关于企业生态位的相关研究已表明，企业生态位表征了企业在生态系统中的资源占用、功能位置及竞争优势。企业生态位会对企业对外部资源和市场机会的获取产生重要影响[272]。现有的研究已经逐渐意识到需要将企业生态位的思想应用到企业行为的研究中。虽然企业生态位如何影响企业合规行为是一个新兴的研究议题，但目前已经有学者围绕企业的网络位置对企业合法性及社会责任等表现开展了一些研究。

有研究指出，企业在供应链网络中的不同位置会产生企业社会责任实施的差异[273]。一般来讲，企业社会责任绩效会随着企业网络中心位置的靠近而提升[28]。因为企业在网络中的位置越靠近网络中心，企业与网络中的连接就会越多，受到的监督压力也就越大，这就会促进企业社会责任的履行和信息披露。而且企业在网络中的位置也决定了其影响力，企业在网络中的位置越靠近网络中心，意味着企业的权力和影响力就越大，企业的行为也更容易对其他成员产生影响[274]。这一观点在企业合法性的相关研究中也得到了进一步检验，黄中伟和游锡火结合网络位置对中国企业海外合法性进行了研究，结果表明，企业在网络中的位置越高，就越有助于企业获取业主需求和利益相关者偏好的相关信息，有助于提高企业的合法性，另一方面也为企业的合法性溢出提供了更大的可能[275]。胥思齐和席酉民的研究也指出，企业合法性的构建会受到企业生态位的影响[276]。

还有研究进一步指出，生态系统中平台企业处于生态系统的核心位置，它的社会责任行为会带动整个生态系统成员社会责任行为的实施[39]。由于工程企业在国际工程项目生态系统中发挥重要的平台引领作用，本书推断，国际工程承包企业的合规行为可能也会受到其在生态系统中生态位的影响。下文将参照现有学者观点，从企业生态位宽度和重叠度两个方面来讨论国际工程承包企业生态位对其合规行为的影响。

（1）工程承包企业生态位宽度对其合规行为的影响

对于国际工程承包企业来说，合规经营是企业在国际承包市场行稳致远的保障。从第2章的文献综述内容可知，国际工程承包企业合规不仅包括企业和员工要遵守项目所适用的法律法规，还包括职业道德规范等。企业的违规行为一旦被发现，将会面临严重的制裁。虽然近年来随着各国对合规经营的重视，国际合规监管制度也在逐步发展和完善，企业的合规责任也逐步实现了细化。但是企业不能一味地仅依靠被动的响应，还需要主动根据企业自身条件和需求建立一套有效的合规风险管理制度。这也就意味着企业需要在合规资源上投入相应的人力、物力和财力等，而且还需要时刻关注国际市场监管环境的动态性。因此，企业合规的实施需要投入高昂的成本，甚至对于一些企业来说可能还存在很多困难和障碍[277-278]。

国际工程承包企业生态位宽度描述了工程企业在国际承包市场参与建设的区域和产品差异，国际承包商参与的区域或产品越多，其生态位宽度就越大，市场竞争能力也越强[156]。有研究已表明，企业在行业内所处的竞争地位会影响其接近和控制其他资源的可能性，这使得企业对抗风险的缓冲能力也会受到影响，因此，企业的合规行为会受到企业竞争地位的影响。企业竞争地位越低，越容易发生内部控制信息披露不合规行为[279]。进一步的，企业生态位也表征了企业对市场资源和环境的适应能力，生态位越宽的企业可利用的市场资源也越多，这就意味着企业更容易以较低的成本获取多样化的资源和信息[280]。由此推断，当工程企业的生态位较宽时，企业在国际建筑市场上可以利用的资源和知识的种类更多，这在一定程度上降低了工程企业为实施合规所投入资源和信息搜寻的成本，提高了工程企业实施合规行为的可能性。

另外，当工程企业的生态位宽度较大时，企业参与的区域和产品越多，意味着其在整个国际工程项目生态系统中有更多的资源联系，关系网络也会越密集，因此也会受到更多的关系主体监督。有相关研究表明，企业所处的关系网络越密集，企业行为就会更加的自律和规范，这会对企业行为形成更有效的约束[281]。同时工程企业合规经营能够帮助企业从利益相关者处赢得信誉，帮助其获得竞争资源[282]。相反的，企业不合规行为在关系网络中的传播和扩散会严重影响企业声誉，进而可能会导致利益相关方信任崩塌，从而对企业未来的经营活动产生消极的影响[283]。由此，本书提出如下假设：

假设 H1：国际工程承包企业的生态位宽度会对其合规行为产生正向影响，即生态位越宽的承包企业会更倾向于企业合规行为的实施。

（2）工程承包企业生态位重叠度对其合规行为的影响

国际工程承包企业生态位重叠度是指工程企业之间资源占用的相似性，实质是描述了承包市场中企业之间的竞争关系[156]。目前有不少研究探讨了市场竞争强度对企业违规及社会责任等的影响。不过现有的研究结论却并不一致，有的研究表明市场中企业之间的竞争越激烈，企业社会责任信息披露质量就越好[284]。这些研究认为当企业面临的市场竞争环境较为激烈时，企业会通过加强自身的社会责任来提高企业的声誉和信用度，从而避免激烈竞争中的劣势。而另外有些研究表明，市场中企业之间的竞争越激烈，企业的违规倾向越高[285]。这些研究认为当企业面临的市场竞争环境较为激烈时，企业会通过压缩成本的方式来应对竞争，而企业合规需要一定的成本，此时有些企业会有违规的倾向[286]。

事实上，这两种代表性观点的冲突焦点是企业合规行为是否会增加企业的竞争优势。当一个企业认为通过实施合规行为能为企业获得竞争优势时，意味着企业从合规经营中取得的收益可能超过其付出的合规成本；反之，企业认为合规会增加成本，降低竞争优势。因此，市场中企业之间的竞争状况在很大程度上可以影响企业感知到的合规行为中的预期收益和潜在成本，因此当企业面临不同强度的市场竞争时，其合规行为选择必然是动态变化的。因为当企业考虑采取某种行为来应对竞争时，会充分考虑这一决策对竞争对手的影响，以及竞争对手将做出何种反应[287]。基于这些考虑，有研究进一步指出市场竞争与企业违规行为之间呈 U 形关系[288]。因此，本书推测工程企业生态位重叠度与企业合规行为之间很可能不是线性关系。

对于国际工程承包企业来说，由于工程企业之间会因为市场资源相似、经营范围相似、承包模式相似、相关技术相似等，最终会引起多个企业之间因为一个项目发生竞标，引发竞争，产生生态位重叠现象。先前的研究指出，为了在资源约束的市场竞争环境下实现企业的共存，企业应该努力创造新的生态位空间，提升竞争优势，实现生态位分离[134]。当工程企业间生态位重叠度较低时，意味着行业内部的市场竞争处于较低水平，企业之间资源占用的相似性水平不高，企业的可替代性也不高。此时，工程企业通常采用价格竞争手段，在承包市场中竞相压价，通过低价来参与竞标[289]。造成这一现象的原因是很多东道国业主出于利益考虑，通常将投标价格作为中标的首要因素。在这种情况下，企业会通过各种方式进行成本缩减，其中不乏采取违规手段，考虑到合规行为可能会在时间、资源等方面增加企业的成本，企业合规行为的意愿就会比较低[290]。实际上，这种市场竞争手段使得企业间相互压价，虽然在短期内让企业获得了项目，但从长期发展考虑扰乱了整个承包市场的秩序，不利于行业健康发展。

而当国际工程承包企业的生态位重叠度较高时，意味着国际工程市场中工程企业之间的资源占用比较相似，企业之间的竞争比较激烈，企业也容易被替代，此时工程企业更多考虑生存和发展的问题。为了提高工程企业的核心竞争力，现有的诸多研究均强调工程企业应通过增强项目的管理能力来摆脱低价竞争的泥潭。最近的研究也指出，企业合规是企业提升竞争力的重要组成部分[291]。因为随着中国国际地位的提升和中国工程企业在国际承包市场份额的增加，也吸引了来自国家社会的合规监管，政府为了指导企业更好地合规经营，出台了一系列合规管理文件。在这种情况下，合规既是提升工程企业国际化核心竞争力的需要，也是维护国家形象、企业形象的重要举措。另外，有研究指出企业合规与企业发展的阶段也存在一定的对应关系[292]，一般来说，企业的合规战略会随着企业的发展壮大而发生变化，当企业的规模比较小时，企业的合规战略会在生存与合规之间进行单向选择，以不违规为底线；而当企业发展壮大时，会更加重视合规，也更愿意挖掘合规创造的价值[293]。由此，本书提出如下假设：

假设 H2：国际工程承包企业的生态位重叠度与企业合规行为之间是一种"U 形"关系。当生态位重叠度处于较低水平时，生态位重叠度越大的承包企业实施合规行为的可能性比较低；当生态位重叠度处于较高水平时，生态位重叠度越大的承包企业实施合规行为的可能性比较高。

5.2.2 工程承包企业制裁风险感知的中介作用

众多研究均表明，主体的合规或违规行为的发生取决于其感知的该行为收益和成本的博弈结果[294]。规制机构对规制对象的监管也是通过该机制实现，即主张企业的违规面临的惩罚要大于违规的收益来预防主体的违规[295-296]。然而，大量披露的违规事件显示，实际上违规"成本"要远大于其所获得的"收益"。因此，违规行为的发生未必是客观上"收益"大于"成本"的博弈行为。由于决策主体是"有限理性"的，其行为决策只能基于"成本—收益"的主观知觉判断[297]。认知心理学将这一过程称为"威慑效能"，即决策主体在面临合规和违规的决策时，会通过主观认知来判断合规或违规行为的感知收益和感知成本[298]。显然，当主体感知到违规带来的收益低于成本时，意味着威慑效能值较大，威慑实现了预防违规的目的，而当威慑效能值不达预期时，意味着威慑效力减损。因此，企业对制裁的风险感知在其合规行为决策中起重要的作用。

另外有研究进一步指出，制裁机制会因违法者地位表现出不同的制裁效力[299]。因为不同位置的企业拥有的经验知识不同，如关系资源、市场开拓能力、资源整合能力、经营管理水平[300]等，致使其应对制裁结果的能力亦不同，这就使得不同企业对制裁产生不同的关切点，感知到的制裁威慑力也存在差异[301]。据此，本书推断工程承包企业对违规行为的制裁风险感知会因其生态位不同而有所差异，进而会影响其合规行为决策。综合以上分析，本书提出如下假设：

假设 H3：国际工程承包企业的生态位对企业合规行为的影响会受到企业制裁风险感知的中介作用，即国际工程承包企业的生态位通过影响企业对制裁风险的感知作用于企业合规行为。

5.2.3　生态伙伴合规共同愿景的调节作用

有研究表明，利益相关者的多样性增加了企业的合规成本，并因此加剧了企业合规面临的挑战。进一步有研究指出，利益相关者对合规管理概念缺乏共同或共享的愿景会给企业合规的实施带来障碍[302]。这是因为，当利益相关者对同一事件缺乏统一的理解和共同愿景时，各成员很容易以实现各自的利益为目标，做出有损整体的风险行为，这对合作价值将会产生消极影响[303]。共同愿景这一概念反映了相关方之间在合作目标、价值观等方面的相似程度[304]。Li 的研究指出，共同愿景是联盟伙伴间资源交换的必要条件[305]。共同愿景能够促进伙伴间的资源融合与学习，提高成员在资源整合过程中的相对吸收能力，提高知识交换的程度[306]，而且能够显著地促进联盟成员间的团结关系及参与程度[307]。目前已经有不少研究将这一概念引入合作关系相关问题的研究中，例如李林蔚等讨论了战略联盟伙伴间的共同愿景对知识共享与转移的影响，结果显示战略联盟伙伴间的共同愿景会促进联盟网络里的知识共享与转移，同时也会增加联盟成员间的合作程度[308]。因为合作伙伴间的共同愿景使得成员间的物质传递与信息交流更加畅通，这有助于降低成员间相互影响、相互作用过程中的交易成本。因此，商业生态系统视角下企业社会责任的相关研究强调，企业的社会责任治理需要从单一视角向协同视角转变，需要提高生态伙伴对这一行为的共同愿景，发挥多元共治的作用[309]。

多元共治的理念已经在诸多领域得到应用[310-314]，这些研究均强调在一个合作网络中由于各利益相关者存在互利共生的关系，任一主体的行为都会影响整个网络的发展，因此倡导多元主体共同发挥治理作用。从整个国际工程项目生态系统来看，工程承包企业一旦发生违规行为，企业自身不仅会产生很大的损失，而且也会给其他生态伙伴带来消极影响。因此，要想对工程承包企业的合规行为进行有效治理，生态伙伴之间应该要建立共同的合规愿景。虽然前文的研究指出工程承包企业的制裁风险感知会影响企业的合规行为，但在项目生态系统中生态伙伴对合规的共同愿景作用下，企业制裁风险感知对企业合规行为的影响将会减弱。因为当国际工程项目生态伙伴对合规的共同愿景比较高时，意味着生态成员对整个生态系统合规的发展和期待值具有相似的意见，各生态成员的合规均面临多元监管和治理。这些期待和压力也会促使生态成员为了系统的合规付出努力，也更愿意通过自身的合规行为提高参与度。因此，本书提出如下研究假设：

假设 H4：国际工程承包企业生态伙伴间对合规的共同愿景会调节企业制裁风险感知与企业合规行为之间的关系。当生态伙伴间对合规的共同愿景的程度比较高时，工程承包企业的制裁风险感知对企业合规行为的影响作用就弱。

综合以上分析，本书构建了国际工程承包企业生态位对企业合规行为的影响机理模型，如图 5-1 所示。

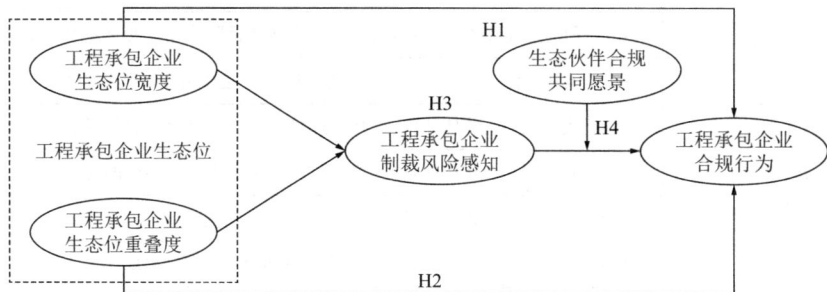

图 5-1　研究模型

5.3　研究设计

5.3.1　变量测量

本书对各变量的测量借鉴了相关研究常采用的成熟量表，结合国际工程的情境对题项进行了修订。然后，根据预测试的反馈对量表进行了修改和完善，形成了最终量表。本书借鉴 Kasimoglu 和 Hamarat[141]、李翠[315]、何郁冰和伍静[135]等的研究，采用 4 个指标测量国际工程承包企业生态位宽度，采用 4 个指标衡量国际工程承包企业生态位重叠度。借鉴威慑理论的相关研究，制裁是通过确定性、严厉性和及时性三个方面发挥威慑效应的理论观点[316]，采用 3 个指标来衡量企业制裁风险感知。借鉴李林蔚等[308]、张振刚等[317]等的研究成果，采用

4 个指标来衡量生态伙伴合规共同愿景。根据前文对合规行为类型的划分，借鉴 Park 等[318]、Liu 等[319]等的研究，从主动合规和被动合规两个方面，采用 6 个指标来测量国际工程承包企业合规行为。参考以往的研究，选取企业规模、企业性质、企业角色、国际化经验、承发包模式 5 个可能影响研究结果的变量作为控制变量。本书各变量的测量题项见表 5-1。

本书各变量的测量题项 表 5-1

变量	题项
企业 生态位宽度	NB1：贵公司的技术或服务在国际工程行业中占有很大的市场份额
	NB2：贵公司对内外部资金、技术及人才具有很高的获取能力和利用程度
	NB3：贵公司在吸引外来资源时，具有很强的竞争能力
	NB4：贵公司与工程项目各利益相关者保持较紧密的社会网络关系
企业 生态位重叠度	NW1：贵公司的技术和服务与行业内其他企业具有很高的相似性
	NW2：贵公司在目标市场上与行业中其他企业具有很高的相似性
	NW3：贵公司在业务开拓方式上与行业中其他企业具有很高的相似性
	NW4：贵公司在资源获取方式上与行业中其他企业具有很高的相似性
企业 制裁风险感知	SP1：国际工程市场经营中不合规的企业受到监管制裁的可能性比较大
	SP2：国际工程市场经营中出现不合规行为将面临比较严重的制裁结果
	SP3：国际工程市场中不合规行为的监管处罚/法律制裁处理得比较及时
生态伙伴 合规共同愿景	SV1：贵公司与合作伙伴各方均认为在业务开展中要坚持合规经营
	SV2：贵公司与合作伙伴各方对联盟的合规经营都具有清晰的规定
	SV3：贵公司与合作伙伴各方均承诺要为联盟合规的声誉做出努力
	SV4：贵公司与合作伙伴各方都愿意对联盟合规发展结果承担责任
企业 合规行为	CB1：贵公司的经营活动基本遵守工程行业的法律法规要求
	CB2：贵公司的经营活动基本遵守工程行业的相关行业惯例
	CB3：贵公司的经营活动基本遵守相应的商业行为道德规范
	CB4：贵公司建立了严格的行为准则，以抵制管理岗位上的违规行为
	CB5：贵公司有专门的合规管理部门，专门负责公司的合规监管工作
	CB6：贵公司会持续、动态地对上述行为准则的设定和执行提出改进建议

5.3.2 数据收集

（1）问卷设计

本书采用问卷调查的方式收集数据，这不仅是因为问卷调查法在调查内容的设定上更加灵活和丰富，而且问卷调查法也比较容易实施且能获得大样本，分析结果更具代表性。本次调查采用匿名方式，在答卷之前，向答卷人强调此次调查内容不含个人隐私问题，调查结果仅用于学术研究，问题的答案并无对错之分，以缓解受访者的心理压力。调查内容主要包括两个部分：第一部分内容为答卷人所在企业的基本信息，包括企业性质、企业规模、该企业在国际工程项目建设中一般担任的角色、企业在国际工程项目建设中的经验以及企业近 5 年在国际工程项目建设中常采用的承发包模式。第二部分内容旨在了解答卷人所在的企业在承揽国际工程项目建设时的相关情况，主要围绕企业海外项目伙伴关系及合规行为的情况进行评价，包括对工程承包企业生态位、合规行为、制裁风险感知及生态伙伴合规共同愿景等内容的评价。答卷人被要求采用 5 分制对相关问题进行评价：答案从 5 分代表"完全符合"到 1 分代表"完全不符合"，具体内容见附录 C。

（2）预测试

本次问卷设计中所采用的测量量表是基于文献分析并结合国际工程项目情境修订出来的，虽然量表相对比较成熟，为保证研究的严谨性，在正式调查获取数据前进行了小样本预测试，旨在对量表不足之处进行修改完善。本书向 15 名从事国际工程项目研究的教师、硕博研究生及在职研究学生发放了预测试问卷。根据问卷反馈意见，本书对问卷内容存在的问题做了进一步修订和完善。

（3）数据收集

由于本书聚焦国际工程项目情境，因此调查对象选择具有国际工程项目经验的实践人员来填写问卷。在问卷发放方式上通过多种调查途径，通过作者所在研究课题组的社会关系，向与国际工程项目相关的微信群以及向其他国际工程项目实践人员等推荐的方式，采用"问卷星"形成的调查网络链接，通过微信及电子邮件等方式进行在线发放。经过整理和统计，共发放问卷 160 份，回收 130 份，问卷回收率为 81.25%，剔除无效问卷后，得到 118 份有效问卷。

5.4 数据分析

5.4.1 测量模型分析

（1）信度和效度检验

在进行结构模型验证之前，本书首先对测量模型的信度和效度进行了检验。参考以往研究，本书采用克朗巴赫系数（Cronbach's α值）评估测量模型的信度水平，一般α值大于0.7，表明测量模型具有良好的信度。效度采用 Hair 等建议的三个指标[320]：标准化因子荷载、结构信度（CR）和平均方差提取量（AVE），一般当因子载荷大于 0.5、CR 值大于 0.7、AVE 值大于 0.5 时，表明测量模型具有良好的效度。据此，本书采用 SPSS 22.0 统计分析软件对测量模型进行信度、效度分析，结果见表5-2。

信度与效度分析   表 5-2

变量	题项	标准化因子载荷	CR	AVE	Cronbach's α 系数
企业 生态位宽度	NB1	0.870	0.918	0.736	0.929
	NB2	0.837			
	NB3	0.888			
	NB4	0.836			
企业 生态位重叠度	NW1	0.822	0.871	0.630	0.893
	NW2	0.851			
	NW3	0.711			
	NW4	0.783			
企业 制裁风险感知	SP1	0.879	0.877	0.705	0.921
	SP2	0.824			
	SP3	0.814			
企业 合规行为	CB1	0.839	0.901	0.605	0.921
	CB2	0.838			
	CB3	0.800			
	CB4	0.764			
	CB5	0.679			
	CB6	0.734			
生态伙伴 合规共同愿景	SV1	0.810	0.886	0.660	0.909
	SV2	0.836			
	SV3	0.829			
	SV4	0.774			

由表 5-2 可知，本书中企业生态位宽度、企业生态位重叠度、企业制裁风险感知、企业合规行为及生态伙伴合规共同愿景这些变量的 Cronbach's α系数分别为 0.929、0.893、0.921、0.921 及 0.909，均大于 0.7；CR 值分别为 0.918、0.871、0.877、0.901 及 0.886，均大于 0.7；AVE 值分别为 0.736、0.630、0.705、0.605 及 0.660，均大于 0.5，而且各变量对应的测量题

项的因子载荷均大于 0.5。以上结果说明，本书测量模型通过了信度和效度检验。

（2）变量的描述性统计

为了初步分析本书各变量之间的相关性，本书对各变量进行了描述性统计分析，得到本书中各变量的均值、标准差及相关系数，结果见表 5-3。

变量均值、标准差及相关系数 　　　　　　　　　　　　　　　　表 5-3

变量	均值	标准差	1	2	3	4	5	6	7	8	9
1.NB	3.723	0.873									
2.NW	4.013	0.619	**0.363****								
3.SP	4.046	0.823	**0.358****	**0.519****							
4.CB	4.349	0.616	**0.561****	**0.510****	**0.516****						
5.SV	4.221	0.079	0.298**	0.531**	0.523**	0.491**					
6.CS	3.66	0.756	0.149	0.320**	0.135	0.331**	0.169				
7.CE	1.28	0.576	0.084	0.035	−0.050	−0.038	−0.073	−0.004			
8.CR	2.70	1.565	−0.138	0.112	0.017	−0.034	0.058	0.077	0.212*		
9.IE	3.45	0.923	0.092	0.116	0.062	0.086	0.064	0.143	−0.296**	0.026	
10.CM	3.64	1.795	−0.181	0.087	−0.088	0.050	−0.057	0.106	0.056	0.264*	0.034

注：1. 表格中的简写分别表示：NB（企业生态位宽度）；NW（企业生态位重叠度）；SP（企业制裁风险感知）；CB（企业合规行为）；SV（生态伙伴合规共同愿景）；CS（企业规模）；CE（企业性质）；CR（企业角色）；IE（国际化经验）；CM（承发包模式）。
　　　2. 星号*代表显著性水平，其中*代表 $p < 0.050$，**代表 $p < 0.010$。

从表 5-3 可以看出，本书中涉及的主要变量之间存在显著的相关性，其中，企业生态位宽度与企业合规行为显著正相关（$r = 0.561$，$p<0.01$），与企业制裁风险感知显著正相关（$r = 0.358$，$p < 0.01$）。企业生态位重叠度与企业合规行为显著正相关（$r = 0.510$，$p < 0.01$），与企业制裁力感知显著正相关（$r = 0.519$，$p < 0.01$）。企业制裁风险感知与企业合规行为显著正相关（$r = 0.516$，$p < 0.01$）。这一统计分析结果为研究假设提供了初步支持。此外，为了检验变量之间的多重共线性问题，本书对各变量间的方差膨胀因子VIF进行检验，其值均未超过 3，说明变量之间多重共线性问题不会影响研究结果。

（3）同源偏差检验

由于本书在进行问卷调查时，对条件变量和结果变量的测量均来源于同一受访者，这可能会产生同源偏差问题。为检验这一问题是否会显著影响本书结果，参考以往的研究采用 Harman 单因素方法进行检验。检验的过程是将所有变量进行未旋转探索性因子分析，分析结果显示大于 1 的第一个特征根的主成分变异解释量为 36.441%，小于 40%，且未占到总变异解释量的 50%，说明不存在由单一因素解释所有变异的情况，这表明同源偏差不会对研究结果造成严重影响。

5.4.2　结构模型分析

接下来本书对结构模型进行检验。为减弱变量多重共线性对研究结果的影响，本书首先对各变量进行了中心化处理。本书参考肖小虹等研究中相似的理论模型结构的检验流程[321]，共构建了 9 个子模型，采用 SPSS 22.0 统计分析软件的层级回归分析方法来进行验证，层级回归分析结果见表 5-4。

层级回归分析结果　　　　　　　　　　　　　　　　表 5-4

变量	企业合规行为							企业制裁风险感知	
	模型 1	模型 2	模型 3	模型 4	模型 5	模型 6	模型 7	模型 8	模型 9
CE	−0.014	−0.102	−0.101	0.007	−0.076	0.023	0.016	−0.043	−0.095
CS	0.328**	0.166	0.168	0.260	0.175	0.232	0.234	0.138	−0.033
CR	−0.066	−0.021	−0.021	−0.087	−0.031	−0.105	−0.115	0.044	0.038
IE	0.035	−0.047	−0.046	0.020	−0.039	0.019	0.032	0.032	−0.032
CM	0.032	0.103	0.103	0.087	0.129	0.098	0.100	−0.113	−0.094
NB		0.459***	0.456***		0.407***				0.191**
NW		0.293**	0.217**		0.165**				0.471***
NW²			0.077*						
SP				0.489***	0.271**	0.347**	−0.405**		
SV						0.283**	−0.505**		
SP*SV							1.353*		
R^2	0.116	0.468	0.468	0.347	0.518	0.636	0.433	0.033	0.320
ΔR^2		0.352	0.352	0.231	0.402	0.520	0.317		0.287
F 值	2.309	10.800	9.342	7.706	11.405	8.330	8.125	0.608	5.786

注：1. 表格中的简写分别表示：NB（企业生态位宽度）；NW（企业生态位重叠度）；SP（企业制裁风险感知）；SV（生态伙伴合规共同愿景）；CS（企业规模）；CE（企业性质）；CR（企业角色）；IE（国际化经验）；CM（承发包模式）。

2. 星号*代表显著性水平，其中*代表 $p < 0.050$，**代表 $p < 0.010$，***代表 $p < 0.001$。

（1）主效应检验

为了检验工程承包企业生态位对企业合规行为的主效应，首先以企业合规行为为因变量、所有控制变量为自变量进行回归，如模型1所示。在此基础上加入自变量企业生态位宽度和企业生态位重叠度，模型2显示工程承包企业生态位宽度对企业合规行为均存在显著正向影响（$\beta = 0.459$，$p < 0.001$），假设H1得到验证。为了验证假设H2，在模型2的基础上，加入企业生态位重叠度的平方项构建模型3，模型3结果显示工程承包企业生态位重叠度对企业合规行为存在显著正向影响（$\beta = 0.217$，$p < 0.01$；），企业生态位重叠度的平方项对企业合规行为也存在显著正向影响（$\beta = 0.077$，$p < 0.05$），这说明企业生态位重叠度对企业合规行为存在显著正向线性影响，而不是"U"形关系，因此假设H2得到部分验证。

（2）中介效应检验

为检验企业制裁风险感知在企业生态位与企业合规行为之间的中介作用，本书参照温忠麟和叶宝娟[322]提出的中介作用分步检验方法进行验证。据此，构建了模型2、模型4、模型5、模型8和模型9。模型2是在控制变量的基础上加入自变量企业生态位宽度和企业生态位重叠度，检验自变量对因变量企业合规行为的影响效应。模型4在控制变量的基础上加入中介变量企业制裁风险感知，检验中介变量企业制裁风险感知对因变量企业合规行为的影响。模型5是在控制变量的基础上同时加入自变量和中介变量，检验控制中介变量的情况下自变量对因变量的影响。模型8是以控制变量为自变量，企业制裁风险感知为因变量进行回归。模型9是以控制变量、企业生态位宽度和企业生态位重叠度为自变量，企业制裁风险感知为因变量进行回归，检验自变量对中介变量的影响。

从回归分析结果来看：在控制变量的基础上，模型2显示，企业生态位宽度和企业生态位重叠度对因变量企业合规行为均存在显著的正向影响（β分别为0.459和0.293，p值均小于0.05）。模型9显示，自变量企业生态位宽度和企业生态位重叠度对中介变量企业制裁风险感知均存在显著的正向影响（β分别为0.191和0.471，p值分别小于0.05）。模型4显示，中介变量企业制裁风险感知对因变量企业合规行为存在显著的正向影响（$\beta = 0.489$，$p < 0.05$）。进一步对比模型2和模型5发现，控制中介变量后，企业生态位宽度和生态位重叠度对企业合规行为的回归系数β值分别从0.459和0.293下降到0.407和0.165，但仍然显著（p值均小于0.05）。由以上分析可知，企业制裁风险感知分别在企业生态位宽度、企业生态位重叠度与企业合规行为间起着部分中介作用，假设H3得到验证。

（3）调节效应检验

为检验生态伙伴合规共同愿景在企业制裁风险感知与企业合规行为关系中的调节效

应，以企业合规行为为因变量，在控制变量的基础上加入企业制裁风险感知、生态伙伴合规共同愿景构建模型 6。以企业合规行为为因变量，在控制变量的基础上加入企业制裁风险感知、生态伙伴合规共同愿景以及企业制裁风险感知与生态伙伴合规共同愿景的交互项构建模型 7。模型 7 显示，企业制裁风险感知与生态伙伴合规共同愿景的交互项对企业合规行为的影响显著（$\beta = 1.3553$，$p < 0.05$），表明生态伙伴合规共同愿景在企业制裁风险感知与企业合规行为关系中起调节作用，假设 H4 得到初步验证。

为进一步验证生态伙伴合规共同愿景的调节作用，将生态伙伴合规共同愿景的均值加减一个标准差分为高合规共同愿景组和低合规共同愿景组，并在两种水平下分别绘制企业制裁风险感知和企业合规行为的影响效应图，如图 5-2 所示。从图 5-2 可以看出，无论生态伙伴合规共同愿景处于何种水平，企业制裁风险感知均对企业合规行为起正向影响作用。但是，当生态伙伴合规共同愿景处于低水平时，对应直线相对于横轴的倾斜程度更大，即对应的直线斜率更大，表明当生态伙伴合规共同愿景较低时，企业制裁风险感知对企业合规行为的正向影响作用更强，假设 H4 得到再次验证。

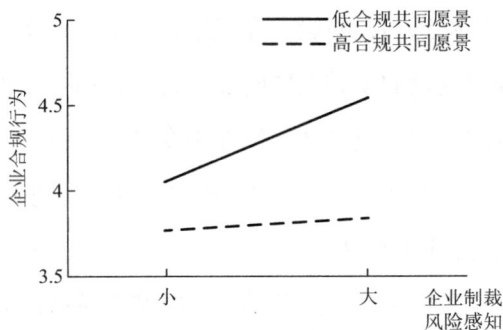

图 5-2　生态伙伴合规共同愿景的调节作用

5.5　研究结果与讨论

本书构建了国际工程承包企业生态位（包括生态位宽度和生态位重叠度两个维度）在企业制裁风险感知的中介作用和生态伙伴合规共同愿景的调节作用下对企业合规行为的影响机理。研究结果表明：工程企业生态位的两个维度即生态位宽度和生态位重叠度均对企业合规行为产生正向促进作用，即生态位越宽的承包企业以及与其他承包企业生态位重叠度越高的企业会更倾向于合规行为的实施，这一结果支持了假设 H1，而假设 H2 得到部分支持。由前文的文献综述可以得知，工程企业生态位宽度实质反映了工程企业对资源占用的情况以及环境适应能力，也衡量了承包业务的多元化程度，而生态位重叠度反映了承包市场的竞争强度。上文的研究结果说明了在国际承包市场上，对资源利用越丰富、对环境适应性越强、承包业务越多元的工程企业合规经营程度越高。本书结果与赵天骄等[28]、黄中伟和游锡火[275]等的研究结论相似，他们的研究指出，越是处于网络中心位置的企业，其资源获取和环境适应能力越强，其社会责任、合法性绩效也越好。这一现象也反映了具有市场竞争力的承包企业对企业社会责任或合规的重视水平更高，不仅是因为其在国际承包市场的地位比较高，可能面临更广泛的媒体关注度以及企业声誉压力的影响，而且这些企业因为想巩固市场地位、扩大影响力，也会更加注重长期可持续发展。国际工程承包企业合规经营有助于企业树立负责任、可靠的企业形象，这有助于企业赢得合作伙伴的认可，也会给企业获取资源带来积极的影响[282]。因此，这一结果的启示在于，国际工程承包企业合规经营需要提升其在国际工程承包市场的功能位置，企业通过多元化的经营实现对资源的多维占用，借助与外部建立的联系，可以有效降低企业为实施合规所投入资源和信息搜寻的成本，可以更好地实施合规经营。

其次，本书结果得到企业制裁风险感知在工程承包企业生态位与企业合规行为之间起着部分中介作用，这一结果支持了假设 H3。这一结果说明工程承包企业生态位对企业合规行为的影响一部分来自于企业生态位的直接影响，而另一部分要通过企业制裁风险感知的中介作用对企业合规行为产生影响。这也充分说明了制裁机制对企业合规行为的重要威慑作用。先前的研究表明企业合规行为是基于合规"成本—收益"的主观知觉判断，但本书结果表明这一影响并不是绝对的，还可能越过这一机制。这一结果也进一步解释了在越来越严苛、制裁结果越来越严重的环境下，企业违规行为却屡禁不止这一现象。很重要的一个原因可能是因为企业生态位的不同使得企业在面对同一规则时的反应存在直接差异，即具有较高生态位的企业积极采取相应措施，尽可能地避免违规和制裁，而生态位较低的企业却表现得漠不关心甚至"顶风作浪"继续违规。这一结果的启示在于，规制机构对工程承包企业的合规监管不能仅依靠增加惩罚力度来实现，还需要有效引导企业市场地位的提升，考虑市场舆论、企业声誉等市场力量来促进合规行为的产生。

进一步地，本书得到生态伙伴合规共同愿景会调节企业制裁风险感知对企业合规行为的影响，当生态伙伴间对合规的共同愿景的程度比较高时，工程承包企业的制裁风险感知对企业合规行为的正向影响作用较弱，这一结果支持了假设 H4。这一结果与 Abdullah 等[302]的研究结果相似，充分说明在复杂的合作网络中，多元共治理念的重要性，尤其合作伙伴对合规理念有共同的理解或共享的愿景是有效治理和推进成员合规实践的保障。因为生态伙伴间对合规的共同愿景实质反映了伙伴之间融合共生的发展理念，为生态系统的健康可持续发展发挥多元共治作用。在制裁对规范承包企业合规行为产生的威慑机制中，会受到生态伙伴合规共同愿景的干预，即当企业基于"成本—收益"对制裁风险感知较低时，从理性人角度看，工程承包企业可能会倾向于实施违规行为。但此时若生态伙伴的合规共同愿景比较高时，意味着生态伙伴均对合规经营目标的一致性比较高，可能会警示承包企业放弃违规，应通过自身的参与度实施合规来赢得伙伴的认同。这一结果的启示在于，在生态系统视角下为了驱动工程企业合规行为应加强合作伙伴合规共同愿景目标的建立，依靠生态伙伴对合规的多元共治机制来实现合规治理。

5.6 本章小结

本章基于企业生态位视角，揭示了国际工程承包企业生态位对企业合规行为的影响机理，建立了工程企业生态位宽度、企业生态位重叠度、企业制裁风险感知以及生态伙伴合规共同愿景对工程企业合规行为的驱动机制。本章的具体过程和内容如下：首先，本书基于网络位置对企业行为影响的理论观点，强调了开展国际工程承包企业生态位对其合规行为影响机理研究的重要性。其次，基于生态位理论及相关文献基础，提出了国际企业生态位、企业制裁风险感知、生态伙伴合规共同愿景及企业合规行为之间的假设关系。最后，运用问卷调查方法获取相关数据，利用层级回归分析方法对相关假设进行了实证检验，并对研究结果进行了讨论。

本章的研究结果表明，国际工程承包企业生态位会对企业合规行为产生正向影响，即生态位越宽的承包企业以及生态位重叠度越高的承包企业会更倾向于企业合规行为的实施。其次，企业制裁风险感知在企业生态位与企业合规行为间起部分中介作用，工程承包企业的生态位一方面会直接作用于企业合规行为，另一方面也会通过企业制裁风险感知的中介影响而作用于企业合规行为。而且企业制裁风险感知与企业合规行为之间的关系会受到生态伙伴合规共同愿景的调节，当生态伙伴合规共同愿景较低时，企业制裁风险感知对企业合规行为的正向影响作用更强。因此，本书认为要促进工程承包企业合规行为的实施，就需要强化工程承包企业在国际工程项目生态系统中生态位的提升，另外也要建立生态伙伴合规共同愿景来发挥多元共治作用和加强制裁机制的威慑效应。

在前一章节解释了国际工程承包企业生态位差异形成过程的基础上，本章进一步得出了国际工程承包企业生态位会造成企业合规行为差异的结果。本章的研究揭示了国际工程承包企业生态位对企业合规行为的影响机理，明晰了生态系统视角下工程企业合规行为的驱动机制，这为推进国际工程承包企业合规行为的生态化治理研究提供了理论基础。为了进一步实现国际工程项目生态系统成员合规的协同进化，本书将在下一章节考察国际工程承包企业合规在项目生态系统中的重要作用，对国际工程承包企业合规知识在项目生态系统中的溢出效应进行深入分析。

第 **6** 章

中国对外承包工程企业合规知识在生态系统中的溢出

一般来说，生态系统的协同进化就是生态成员之间以及成员与环境之间相互影响、相互作用下，生态成员的能力逐渐提升的过程。在前文的基础上，本章旨在探究导致国际工程承包企业合规经验知识在生态系统中溢出效应差异的过程机制，从而为促进国际工程项目生态系统成员合规协同进化提供理论参考。

6.1 知识溢出与协同进化关系的理论观点

6.1.1 企业行为在网络的溢出效应

企业的发展需要与外部社会建立联系来实现资源和信息的获取，这就使得企业在社会网络系统中不是孤立存在的节点，而是与其他结点联系在一起形成复杂的社会网络。社会网络理论的相关研究表明，网络节点之间存在密切的关系，任何一个节点的变化都会通过触动社会网络而对其他节点产生影响。因此，在关于企业网络关系的研究中，网络组织之间的溢出效应和协同效应受到了很多关注。

纵观现有网络溢出效应的相关研究，研究学者多立足以网络组织中的风险传染、知识溢出等为主题的研究探讨。例如陈建青等对金融网络中系统性风险的溢出效应进行了实证分析，并指出金融体系的风险预警系统可以根据银行、证券、保险三个金融行业间风险溢出的灵敏性来构建[323]。张庆君和马红亮研究了借贷网络中的风险传染，研究结果指出存在债务违约的上市公司会对商业银行系统产生显著的风险溢出和风险冲击[324]。另外，网络中组织间的知识溢出效应也比较显著。例如，陈金梅和赵海山的研究结果表明，高新技术产业集群网络中的信息、技术等方面的创新成果会外溢给产业链条内的其他企业[325]。除了网络中主体间的知识溢出之外，许情还指出创新网络中知识主体间的知识溢出可以使网络中的组织产生协同[326]。还有研究对跨行业的知识技术溢出进行了检验，例如黄杰的研究结果表明，工业行业间的技术溢出会产生显著的网络关系，并会出现跨行业溢出的小世界特征[327]。

除此之外，也有学者关注社会网络下企业社会责任、合法性等的溢出效应，例如已有研究发现，企业间的社会网络会使企业社会责任实践在网络中进行扩散，最终导致网络内的企业社会责任具有一定的相似性[328]。刘柏和卢家锐的研究也证明社会网络群体之间的社会责任会产生显著的传染效果，企业的社会责任会给网络中的其他成员企业起到一定的示范和推动作用[329]。进一步地，Harness 等的研究结果表明，在社会合作网络中，大企业因权力的影响会对小企业的社会责任表现有一定的塑造作用[330]。伴随生态系统这种新型网络的出现，李雷和刘博从生态系统视角出发，对生态成员之间的合法性溢出进行了研究，结果表明，生态型企业通过将自身的合法性资源溢出给成员企业，可以帮助他们突破合法性阈值[331]。另外，肖红军和李平的研究指出，鉴于生态系统中生态成员之间的网络共生关系，对生态成员的合规治理需要引入多元共治的理念，生态成员之间应通过相互联动、相互协同、相互制约，共同实现生态系统的治理[122]。

综上，随着生态系统这种新型社会网络关系的出现，从生态系统的角度探讨企业之间行为溢出效应的相关问题尚处于起步阶段，需要被纳入未来的研究中。本书认为国际工程承包企业作为项目生态系统的平台型企业，其合规经验知识可以通过生态系统产生溢出效应。即生态成员可以通过生态网络学习国际工程承包企业合规经验知识以提高自身的合规管理能力，从而实现整个项目生态系统合规的协同进化。

6.1.2　组织学习对协同进化的促进

生态系统的协同进化是生态成员共生关系构建的完善和进阶阶段，是成员通过生态系统获得竞争优势的重要来源。这一过程强调生态成员之间应通过相互作用实现协同发展、共建互惠共生关系来提高生态系统及各生态成员对外部环境的适应性。其中，在生态成员的协同进化中，知识资源起着重要的作用，生态成员之间的互动会促进知识的共享和转移，从而能够实现生态系统成员的共同进化。因为在知识经济背景下，生态系统突破了组织边界，企业能够通过网络间的知识转移学习到其他生态成员的知识，组织学习也将会成为其保持核心竞争优势的重要途径。有研究已指出社会网络系统中企业通过学习网络中的知识可以增强竞争优势[332]。进一步的研究发现，组织成长来源于组织学习，而且组织学习有助于生态位改变，尤其是对失败经历的学习反思，更能加速学习的过程[333]。因此，生态系统中的知识共享和组织学习对生态系统成员的协同进化起着很重要的促进作用[334]。

大多数研究已达成共识，组织学习是组织在复杂多变环境中实现可持续发展的驱动力。尤其从失败中学习能给组织带来积极的好处，一般来说，可分为三个方面，失败学习将减少类似失败的可能性[335]、提高组织适应性和问题解决效率[336]、提高组织绩效[337]。然而，由于组织的经验有限，组织学习很多来自社会学习，即向其他组织学习[338]。例如在企业国际化的研究中，其他企业的管理实践可以为国际化程度比较低的企业提供学习教材，能为后续企业带来发展捷径[339]，最终减少不确定性并促进投资[340]。

众多研究表明，知识和经验的缺乏是国际工程承包企业合规管理面临的最大挑战。尤其近几年国际市场经营环境的不确定性日益增加，国际工程承包企业在面对多维监管及应对文化差异导致的多重制度逻辑时，面临着巨大的挑战[3]。如果对国际市场或东道国监管制度的了解不充分将会增加工程企业的合规风险，而组织学习为国际工程承包企业快速应对监管环境提供了很好的思路。例如，国际工程承包企业可以通过向其他有经验的企业学习来获得海外市场的客户偏好、市场规则和商业规范的知识，从而提高风险应对能力[341]，增强竞争优势[342]。尤其是在不确定的环境中，正式规则和规定可能并不充分且不明确，在规范组织行为方面其他企业的行为发挥着宝贵的示范作用[343]。因为观察者据此可以做出哪些行为是允许的或被惩罚的以及是否适用于他们自己的推断[344]。

基于上述文献分析，本书认为国际工程承包企业的合规知识可以通过生态系统溢出给其他生态成员，使成员提升合规能力来实现生态系统合规的协同进化。有鉴于此，本书聚焦国际工程承包企业在制裁事件中的合规经验知识在生态系统中的溢出，探讨生态成员对合规知识学习差异的过程机制，从而为助力项目成员合规协同进化提供理论依据。

6.2 研究假设及理论模型

组织学习的相关研究已表明，其他组织的失败经验已经成为组织学习的重要来源。因为观察者通过见证这一过程，可以了解组织的此类行为是无效的或不适当的，进而会吸取经验教训，避免类似的相关行为[345]。在犯罪学领域，惩罚对观察者的间接威慑作用在社会心理学和犯罪学文献中称为替代惩罚。规制机构对规制对象的有效治理在很大程度上依赖于惩戒性惩罚的威慑作用[346]。威慑理论指出，惩罚的威慑效果取决于惩罚的确定性、严重性和及时性[347]。为了打击违法行为，以前的研究主要主张通过增加惩罚和加强监督来提高惩罚的威慑力[348]。然而，一些研究发现，增加惩罚实际上并不能有效地控制违法行为[349]。在越来越严格的监管环境下，破坏法规制度，踩"红线"越"底线"闯"雷区"的企业违规行为仍屡禁不止。这也说明被制裁的企业在这些观察者间没有起到很好的间接威慑作用，这意味着被制裁企业的合规经验知识没有很好地外溢到这些观察企业中。因此，为了扩大企业合规经验知识的溢出范围来实现合规的协同发展，有必要探讨被制裁企业的合规经验知识在外溢给其他观察者时存在差异的可能原因。即需回答为什么有的企业积极采取相应措施尽可能地避免违规和制裁，而有的企业却没有从失败中学习，表现得漠不关心甚至"顶风作浪"继续违规。有鉴于此，本书将从组织学习视角来对这一问题进行探索性研究。

6.2.1　社会距离对生态成员合规经验学习意愿的影响

心理学的研究指出，人们对于同一客观事件会产生不同水平的关注是因为人们对这种客观事件所感知到的心理距离不同[350]。心理距离是指感知者以自身的直接经验（此时、此地、自身）为参照点，对其与事件或对象之间距离的心理表征。其中，社会距离是心理距离中反映主体之间亲疏关系的一个维度。该理论指出，当主体对客观风险事件做出相关决策时，不是依据客观风险事件的属性，而是依据主体对风险事件感知水平的高低。依据解释水平理论，主体会以更加抽象的、更高概括的方式（高建构水平）认知相对自己社会距离较远的事件，以更加具体、更细致的方式（低建构水平）认知与自己社会距离较近的事件[351-352]。

有研究也进一步指出社会距离这一维度能够减弱组织对风险的认知[353]。根据社会认同理论的相关研究，密切联系可能使观察组织很容易将自己归类为与被制裁组织属于同一群体。通过这种方式，观察组织可以预测类似情况下的后果，并且更有可能从制裁事件中吸取教训，以避免受到惩罚。一些研究也指出，身份不对称会影响社会身份和信息共享[354]。这意味着学习对象的选择可能在组织学习过程中发挥关键作用。不难理解，适当的经验能帮助企业最有效地感知和处理信息[355]。因此，在制裁事件发生后，观察企业从制裁事件中学习合规经验知识的差异很重要的一个原因来自其感知到的与被制裁企业之间的社会距离不同，这也意味着社会距离可能在制裁事件合规经验知识溢出过程中发挥重要作用。

基于上述文献分析，本书推断国际工程承包企业合规在国际工程项目生态系统中的溢出可能会受到其与生态成员之间社会距离的影响。因为先前关于社会距离和知识转移的研究表明，两个群体之间的社会距离越近，双方就越愿意转移知识、合作和参与互动学习[356-357]。这一发现的启示在于，在工程企业合规经验知识通过项目生态系统产生溢出时，更容易受到那些感知到与工程企业社会距离较近的生态伙伴的关注，也会增加合规经验知识在这些群体之间的转移和学习。因此，本书提出以下假设：

H1：生态成员与被制裁工程企业之间的社会距离越近，生态成员从工程企业被制裁事件中学习合规经验知识的意愿就越强。

6.2.2　知识库兼容性的调节作用

由于知识的不完整性、模糊性和不可理解性，并非所有的组织学习都是有效的[358]。这主要是因为在知识获取和应用的过程中会受到多个环节的共同影响，包括知识的识别、接收、消化与运用等。一些研究发现，双方的知识库兼容性程度决定了知识转移的意愿和有效性[359-360]。为了进一步解释这一现象，Ho 和 Ganesan 的研究引入了"知识库兼容性"的概念[361]。组织通常从具有共同知识特征的资源中学习更多[362]。这是因为当双方之间存在重叠和兼容的知识时，知识接收方对知识源所拥有的知识了解更多，这将提高沟通和学习的效率[363]。当双方的知识库兼容性较低时，知识接受方需要投入更多的精力来理解、消化和吸收知识源方转移的知识[364]。Bovee 等提出知识内容的适用性会直接影响到知识共享的意愿[365]。这也说明，恰当程度的企业间知识兼容性可以克服知识接收、消化和整合等环节的阻力，既实现企业间知识相互理解和相互接入，又保证更多知识价值的创造[366]。

一般来说，同一行业或同一区域的组织拥有兼容的知识库，因为它们在相同的文化和商业环境中发展，市场、产品和客户比较相似[367]。这些知识库相似的组织在业务过程中可能会遇到类似的困难，这可以激励他们从彼此那里获得更多信息及借鉴更多的经验[368]。这意味着，当两个组织之间的知识库兼容性比较高时，会促进这两个组织间的知识转移和组织学习。由此推断，当制裁事件发生后，观察企业与被制裁企业之间知识库的兼容性会加强制裁的间接威慑作用。也就是说，制裁事件发生后，与被制裁企业知识库兼容性较高的观察企业将会更加关注制裁事件并更愿意从中学习合规经验知识。

由第 3 章的内容可知，国际工程项目生态系统包含的生态成员很多，这些生态成员与工程企业知识库的兼容性水平也存在差异。因此工程承包企业合规经验知识在这些生态成员中就会产生不同的溢出程度，对于与工程企业知识库兼容性较高的生态成员来说，制裁事件中反映了一些在国际工程市场中可能也会面临的相似合规风险，从而也更愿意从制裁事件中吸取经验教训，通过学习相关的合规经验知识，为应对相似的合规风险起到很好的借鉴作用。因此，本书提出以下假设：

H2：生态成员与被制裁工程企业之间的知识库兼容性会调节社会距离对生态成员合规经验学习意愿的影响。当生态成员与被制裁企业之间的知识库兼容性较高时，更能激发生态成员从制裁事件中学习合规经验知识。

6.2.3 制裁事件强度的调节作用

以事件系统理论为视角的研究进一步指出，事件强度、时间及空间属性特征决定事件是否"突出"，进而对相关实体产生影响[369]。根据事件系统理论，事件的强度（事件新颖性、事件关键性和事件颠覆性）决定事件是否"显著"。事件新颖性反映了事件与当前和过去行为、特征和事件的差异程度。事件关键性是指事件对实体常规活动造成的颠覆和破坏。

事件颠覆性反映了组织需要优先处理事件的程度。基于这些观点，本书认为制裁事件的威慑范围可能受到制裁事件强度的影响，即制裁事件的属性特征会影响观察企业对制裁事件的关注及反应。虽然现有的事件研究已逐渐关注到特定事件会对组织产生影响，各研究也表明事件系统理论为事件研究提供了很好的分析框架，然而还缺乏利用事件系统理论来系统、全面地研究制裁事件对观察企业的影响。

先前的研究表明，新颖、关键和颠覆性事件包含企业不熟悉的信息和知识，而且企业很难使用以前的知识储备来应对这些新事件[370]。进一步地，Hardy 等的研究指出，当企业应对的挑战和它目前拥有的知识之间存在差距时，会激发企业进行探索性学习以扩大其知识库[371]。因此，对观察组织而言，制裁事件的强度（新颖性、关键性和颠覆性）可能会影响企业对遵守标准或规则的方式或处罚后果的理解。在这种情况下，观察组织将更加关注制裁事件，并通过扩大其知识库，尝试学习制裁事件中包含的新的合规经验知识，以减少不确定性。特别是对于东道国信息掌握不是很充分的工程承包企业而言，其他企业受到制裁的后果可能会给观察组织带来借鉴，使其能够对现有的合规管理制度作出适当的完善。由此看来，工程企业被制裁后，制裁事件的强度特征会影响不同生态成员的关注和合规经验学习。对于强度较高的制裁事件来说，生态成员会认为制裁事件可能会颠覆他们知悉的合规管理实践。这也会激发生态成员通过从制裁事件中学习合规知识来缩减知识差距，进而提升自身的合规风险管控能力。基于上述分析，本书提出如下假设：

H3：制裁事件的强度（事件新颖性、关键性和颠覆性）会调节生态成员与被制裁工程企业之间社会距离对生态成员合规经验学习意愿的影响。当制裁事件强度较高时，更能激发生态成员从制裁事件中学习合规经验知识的意愿。

据此，本书从生态成员与被制裁工程企业之间社会距离、知识库兼容性及制裁事件强度方面分析了生态成员从制裁事件中学习合规经验知识程度的差异，由此构建了工程承包企业合规在生态成员中溢出效应差异可能的机理模型，如图 6-1 所示。

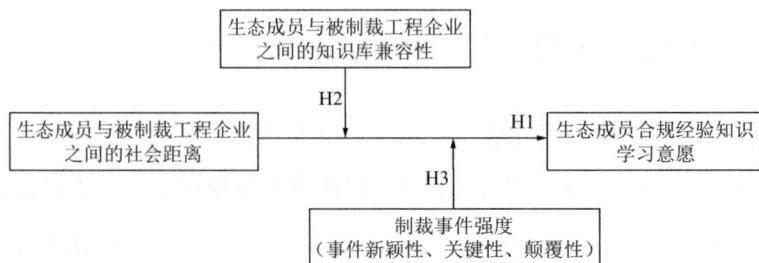

图 6-1　研究模型

6.3 实证检验

6.3.1 情景实验 1

（1）实验步骤及样本

实验 1 操纵生态成员与被制裁国际工程承包企业之间的两种不同社会距离（近距离和远距离），参与者被随机分配到两种距离中的一种。实验 1 的详细材料见附录 D。所有参与者在实验前都签署了知情同意书，并保证他们的回答将被匿名处理，以减少潜在的社会期望偏差。

为了提高实验被试对实验情景的理解及决策的代表性，本实验从多家中国跨国工程企业招募了 80 名从事合规或风险管理的实践人员，确保其行为能影响组织战略决策。本书的样本量达到了具有特定经验样本量的容量要求[372]。借鉴以往研究，本书要求被试提供人口统计和背景信息，包括他们的性别、教育程度和工作年限，将这些变量作为控制变量[373-374]。按照 Meade 和 Craig 的建议，使用注意力过滤器，通过一个题目要求参与者提供一个特定的评分（例如，本题请选择"非常重要"）来识别和删除未遵循实验要求的参与者[375]。通过注意力检测，本书剔除了 16 个无效样本（未遵循实验要求的参与者），最终获得 64 个有效样本（46 名女性和 18 名男性）用于数据分析。参与者均具有良好的教育背景，其中 43.8%为研究生及以上学历，56.2%为本科生。就工作经验而言，6.3%的人的工作经验不足 3 年，有 3~5 年工作经验的人数达 40.6%，40.6%的人有 5~10 年的工作经验，12.5%的人有 10年以上工作经验。

对社会距离的操纵，本书参考了 Helgeson 和 Vleet[376]、Martin 和 Czellar[377]等的研究，并采用已有研究广泛使用的 IOS 量表来测量社会距离。参与者被要求根据情景材料的描述，报告他们感知到的生态成员与被制裁工程承包企业之间的社会距离，评分从 1（非常远）到 7（非常近）进行评价。对于因变量生态成员合规经验学习意愿的测量，本书借鉴 Wong 和 Cheung[378]的研究，根据国际工程项目情景，对题项进行了修订，采用 5 个题项，要求被试采用 Likert 5 级量表对生态成员从制裁事件中学习合规经验知识的程度做出评价，范围从 1 分（非常不可能）到 5 分（非常可能）。修订后的量表为："我们的企业会收集企业制裁事件的相关信息；我们的企业认为工程企业制裁事件给我们起到了警示作用；我们的企业会识别潜在的合规风险，并提出应对办法；我们的企业会寻找一些合规课程或培训，学习合规管理技能；我们的企业会据此来改善合规监督体系"。这些题项的量表信度水平α为 0.792，表明测量题项可信度较高。

（2）研究结果

在假设检验之前，本书对实验变量操纵的有效性进行了检验。结果证实，实验模拟的社会距离较近的情景中，参与者感知的社会距离（平均值 = 4.62，标准差 = 1.206）显著高于实验模拟的社会距离较远情景参与者感知的社会距离（平均值 = 1.70，标准差 = 0.794，$t(62) = 11.261$，$p < 0.001$）。因此，实验对社会距离的操纵是有效的。为了评估共同方法偏差对实验结果的影响，本书进行了 Harman 单因素检验，结果表明，由最大因素解释的方差未达到由第一个特征根大于 1 的所有普通因素解释的总方差的 40%，由此得出共同方法偏差问题不会对本书结果造成实质性影响。

为了验证实验 1 包含的假设 H1，本书进行了单因素方差分析（ANOVA）。结果表明，实验被试在两种不同的社会距离下，因变量存在显著性差异（$F(1, 62) = 74.053$，$p < 0.001$，$\eta_\mathrm{p}^2 = 0.557$）。这也反映出生态成员从制裁事件中学习合规经验知识的意愿会受到生态成员与被制裁工程承包企业之间的社会距离的显著影响。而且进一步地，在生态成员和被制裁工程承包企业之间社会距离较远时，生态成员从制裁事件中学习合规经验知识的意愿程度（平均值 = 3.41；$SD = 0.438$）要低于生态成员和被制裁工程承包企业之间社会距离较近时的程度（平均值 = 4.37；$SD = 0.424$），这也说明生态成员与被制裁工程承包企业之间的社会距离对生态成员从制裁事件中学习合规经验知识的意愿产生负向影响。由此，假设 H1 得到了验证。

6.3.2　情景实验 2

（1）实验步骤及样本

实验 2 操纵生态成员与被制裁工程承包企业之间的两种不同社会距离（远距离和近距离）和两种不同知识库兼容性（高水平和低水平），实验采用 2（社会距离：远 vs 近）× 2（知识库兼容性：高 vs 低）的组间设计，参与者被随机分配到四种设计中的一种，实验 2 的详细材料见附录 D。所有参与者在实验前都签署了知情同意书，并保证他们的回答将匿名处理，以减少潜在的社会期望偏差。

为了减少单一研究数据来源造成的可靠性问题，本实验招募了 140 名具有工程项目建设管理经验的实践人员。由于他们在工程项目方面的经验，本书使用的实验情景对他们来说并不陌生，这保证了他们对实验材料的理解和完成调查的能力。实验 2 采用与实验 1 相同的有效数据筛选方法，最终排除 21 个无效样本，最后获得 119 个有效样本（54 名女性和 65 名男性）。其中 119 名参与者的受教育程度中，66.4%为研究生及以上，30.3%为本科生，3.3%为专科及以下。就工作年限而言，20.2%的被试工作年限不足 3 年；61.3%的被试有 3～5 年的工作经验；14.3%的被试有 5～10 年的工作经验；有 10 年以上工作经验的被试达 4.2%。

实验步骤和对社会距离的操纵及检验与实验 1 一致，本实验仍使用 IOS 量表测量社会距离。对知识库兼容性的操纵和测量，本书借鉴了 Ho 和 Ganesan（2013）的研究，并作了部分修订，最终通过 4 个题项："我们企业能够理解企业 A 的技能和技术；企业 A 也能够理解我们企业的技能和技术；我们企业和企业 A 的知识体系是兼容的；我们企业与企业 A 掌握新技能和新技术的方法是相似的。"这些题项构成了一个可靠的量表（$\alpha = 0.904$）。

（2）研究结果

同样地，在假设检验之前，本书对实验变量操纵的有效性进行了检验。T 检验结果证实，实验模拟的高水平知识库兼容性的情景中，参与者感知的知识库兼容性（平均值 = 3.92，标准差 = 0.731）显著高于实验模拟的低水平知识库兼容性情景中参与者感知的知识库兼容性（平均值 = 3.16，标准差 = 0.945，$t（117）= 4.936$，$p < 0.001$）。因此，实验对知识库兼容性的操纵是有效的。此外，研究结果证实，实验模拟的近社会距离的情景中，参与者感知的社会距离（平均值 = 4.56，$SD = 1.636$）显著高于实验模拟的社会距离较远情景中参与者感知的社会距离（平均值 = 2.09，标准差 = 1.562，$t（117）= 8.432$，$p < 0.001$）。因此，实验对社会距离的操纵是有效的。最后，Harman 单因素检验结果表明，本实验共同方法偏差问题不会对研究结果造成实质性影响。

为了验证实验 2 包含的假设 H2，本书进行了单因素方差分析。方差分析结果表明，社会距离对因变量的主效应是显著的（$F（1117）= 13.147$，$p < 0.05$，$\eta_p^2 = 0.103$）。也就是说，生态成员从与其社会距离较近的受制裁工程承包企业那里学习合规经验知识的意愿（平均值 = 4.20，标准差 = 0.630）要高于从与其社会距离较远的工程承包企业那里学习合规经验知识的意愿（平均值 = 3.89，标准差 = 0.706）。同时，知识库兼容性对因变量的主效应也是显著的（$F（1117）= 45.398$，$p < 0.001$，$\eta_p^2 = 0.283$）。也就是说，生态成员从与其知识库兼容性较高的工程承包企业那里学习合规经验知识的意愿（平均值 = 4.37，标准差 = 0.567）要高于从知识库兼容性较低的工程承包企业那里学习合规经验知识的意愿（平均

值 = 3.71，标准差 = 0.633）。

此外，生态成员与被制裁企业之间的社会距离和知识库兼容性对生态成员合规经验学习意愿的交互作用显著（$F(3115) = 4.308$，$p < 0.05$，$\eta_p^2 = 0.036$）。表 6-1 显示了生态成员在两种不同社会距离和两种不同知识库兼容性水平的四种组合下的合规经验学习意愿水平的平均值和标准差。

不同情景下合规经验学习意愿水平的平均值和标准差　　　　　表 6-1

情景	高知识库兼容性			高知识库兼容性			总计		
	样本量	平均值	标准差	样本量	平均值	标准差	样本量	平均值	标准差
近社会距离	29	4.46	0.595	33	3.97	0.577	62	4.20	0.630
远社会距离	32	4.29	0.538	25	3.38	0.546	57	3.89	0.706
总计	61	4.37	0.567	58	3.71	0.633	—	—	—

图 6-2 显示了交互效应的剖面图。在高知识库兼容性和低知识库兼容性两种情况下，生态成员与被制裁企业之间的社会距离越近，生态成员从制裁事件中学习合规经验知识的意愿就越强。然而，当生态成员与被制裁企业之间的知识库兼容性较高时，生态成员从制裁事件中学习合规经验知识的意愿总是更强，因此假设 H2 得到了支持。

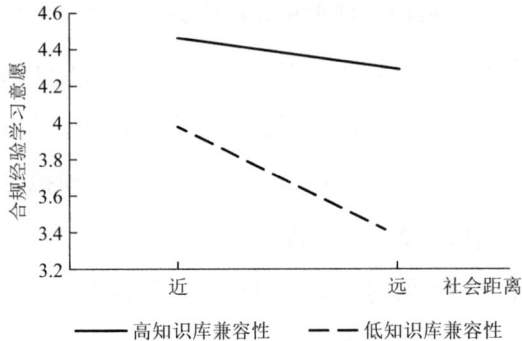

图 6-2　社会距离和知识库兼容性的交互效应

6.3.3　情景实验 3

（1）实验步骤及样本

实验 3 操纵生态成员与被制裁工程承包企业之间的两种不同社会距离（远距离和近距离）和两种不同制裁事件强度（高水平和低水平），实验采用 2（社会距离：远 vs 近）× 2（制裁事件强度：高 vs 低）的组间设计，参与者被随机分配到四种设计中的一种，实验 3 的详细材料见附录 D。所有参与者在实验前都签署了知情同意书，并保证他们的回答将匿名处理，以减少潜在的社会期望偏差。

本实验招募了 160 名具有工程项目建设管理经验的实践人员，实验 3 使用与前两个实验相同的样本筛选方法剔除无效数据。实验 3 剔除了 18 个无效样本，因此数据分析基于 142 名参与者（87 名女性和 55 名男性）的样本进行。在 142 名参与者中，57.7%为研究生及以上学历，39.4%为本科学历，2.9%为专科及以下学历。就工作年限而言，17.6%的参与者工作年限不足 3 年，52.1%的参与者有 3～5 年的工作经验，27.5%的参与者有 5～10 年的工作经验，2.8%的参与者有 10 年以上的工作经验。

实验步骤和对社会距离的操纵及检验与实验 1 一致，实验 3 也使用 IOS 量表测量社会距离。本书借鉴 Morgeson 等[369]的研究，修订了题项后，采用 3 个题项来测量制裁事件强度。修订后的题项为："制裁事件区别以往事件的新颖程度；制裁事件对其常规活动的颠覆程度；制裁事件对实现组织目标的关键性。"这些题项构成了一个可靠的量表（$\alpha = 0.821$）。

（2）研究结果

同样地，在假设检验之前，本书对实验变量操纵的有效性进行了检验。T 检验结果证实，实验模拟的高强度制裁事件的情景中，参与者感知的制裁事件强度（平均值 = 3.79，标准差 = 0.645）要显著高于实验模拟的低强度情景参与者感知的制裁事件强度（平均值 = 2.97，标准差 = 0.836，$t(140) = 6.613$，$p < 0.001$）。因此，制裁事件的操纵是有效的。此外，研究结果证实，实验模拟的近社会距离的情景中，参与者感知的社会距离（平均值 = 4.71，标准差 = 1.544）显著高于实验模拟的社会距离较远情景中参与者感知的社会距离（平均值 = 2.48，标准差 = 1.908，$t(140) = 7.676$，$p < 0.001$）。因此，实验 3 对社会距离的操纵是有效的。最后，Harman 单因素检验结果表明，本实验共同方法偏差问题不会对研究结果造成实质性影响。

本书进行了单因素方差分析来检验实验 3 包含的假设 H3。方差分析结果表明，社会距离对因变量的主效应是显著的（$F(140) = 8.245$，$p < 0.05$，$\eta_p^2 = 0.056$）。也就是说，生态成员从离其社会距离较近的受制裁工程承包企业那里学习合规经验知识的意愿（平均值 = 4.21，标准差 = 0.673）要高于从离其社会距离较远的工程承包企业那里学习合规经验知识的意愿（平均值 = 3.90，标准差 = 0.584）。同时，制裁事件强度对因变量的主效应也是显著的（$F(140) = 26.200$，$p < 0.001$，$\eta_p^2 = 0.160$）。也就是说，生态成员从与其知识库兼容性较高的工程承包企业那里学习合规经验知识的意愿（平均值 = 4.31，标准差 = 0.620）要高于从知识库兼容性较低的工程承包企业那里学习合规经验知识的意愿（平均

值 = 3.80，标准差 = 0.570）。

此外，社会距离与制裁事件强度的交互作用显著（$F(140) = 4.965$，$p < 0.05$，$\eta_p^2 = 0.035$）。表 6-2 显示了生态成员在两种不同社会距离和两种不同制裁事件强度水平下的合规经验学习意愿水平的平均值和标准差。

不同情景下合规经验学习意愿水平的平均值和标准差　　　　　　　表 6-2

情景	高制裁事件强度			低制裁事件强度			总计		
	样本量	平均值	标准差	样本量	平均值	标准差	样本量	平均值	标准差
近社会距离	36	4.54	0.577	33	3.84	0.573	69	4.21	0.673
远社会距离	34	4.05	0.568	39	3.77	0.573	73	3.90	0.584
总计	70	4.31	0.620	72	3.80	0.570	—	—	—

图 6-3 显示了交互效应的剖面图。在高制裁事件强度和低制裁事件强度两种情况下，生态成员与被制裁企业之间的社会距离越近，生态成员从制裁事件中学习合规经验知识的意愿就越强。然而，当制裁事件强度较高时，生态成员从制裁事件中学习合规经验知识的意愿总是更强，因此假设 H3 得到了支持。

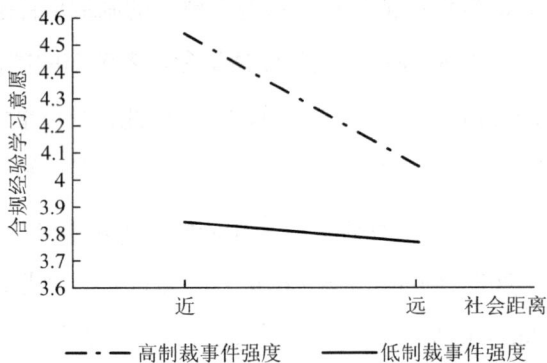

图 6-3　社会距离与制裁事件强度的交互效应

6.4　研究结果与讨论

通过三个情景实验，本书发现，生态成员与被制裁企业之间的社会距离越近，生态成员从制裁事件中学习合规经验知识的意愿就越强，这也说明较近的社会距离会促进工程企业合规知识的溢出。与关系强度的相关研究结果相似，组织间关系强度将影响组织间的知识转移[379]。随着组织之间熟悉度和密切关系的增加，它们之间的信任和忠诚度将增加[380]，这将显著促进信息获取和知识转移[381]。对这一现象的可能解释是，企业更关注与社会距离近的组织而不是社会距离远的组织，而且先前的研究也表明社会距离会影响道德推理[382-383]。其中，社会距离越远，对不道德行为的评价就越严重[384-385]。一些研究也声称，从亲密成员那里主动学习也可以满足情感支持的需要[386]。这些发现也为推断工程企业合规经验知识的溢出效应奠定了基础，即与被制裁企业的社会距离影响了制裁事件的间接威慑范围，使得被制裁企业的合规经验知识在不同群体中的溢出效应存在差异，其中在与其社会距离近的生态成员中的溢出程度要大于社会距离远的群体。

实验 2 的结果不仅再次验证了实验 1 得到的社会距离在工程企业制裁事件中合规经验知识溢出过程中的主效应，而且还证实了生态成员与被制裁工程企业之间知识库兼容性的调节效应。这项实验结果表明，当生态成员与被制裁企业之间的知识库兼容性较高时，更能激发生态成员从制裁事件中学习合规经验知识。这也就意味着当两个组织间的知识库兼容性较高时，会增强工程企业合规知识的溢出。研究结果与强调合作伙伴之间知识转移在很大程度上取决于知识可及性及可适用性的文献一致[387-389]。因为拥有类似知识技术的组织更容易理解彼此的知识，这降低了它们之间信息搜索的交易成本，从而促进了知识转移[390-392]。通过这项实验，本书得到，观察企业与被制裁企业的知识库兼容性水平会调节社会距离对制裁事件威慑范围的影响。其中被制裁工程企业的合规经验知识在与其知识库兼容性较高的生态成员中溢出程度更大。

本书还发现，生态成员从工程企业制裁事件中学习合规经验知识的意愿会受到制裁事件强度的影响。当制裁事件强度较高时，即制裁事件对于生态成员来说新颖、关键和颠覆时，更能激发生态成员从制裁事件中学习合规经验知识的意愿。这一发现进一步支持了事件系统理论的观点，即事件强度影响人们对事件的关注和对事件信息的处理[369]。与以前的研究一致的是，新颖的、关键的和颠覆性的事件代表了组织感知到的环境中包含新的、不熟悉的和不断变化的信息，组织现有的知识在应对当前事件时存在知识差距[370]，进而会鼓励组织挖掘知识和经验，促进组织学习[393-394]。Garud 等的研究也指出，从不熟悉的事件中进行知识学习是组织保持长期创新的关键方法[395]。因此，为了提高制裁事件的间接威慑性，扩大工程企业合规经验知识在项目生态系统中的溢出效应，监管机构在制裁方式上应考虑制定新颖、颠覆性和关键性的规制措施。

6.5 本章小结

本书从组织学习视角，以不同生态成员学习国际工程承包企业合规知识的程度差异来表征工程企业合规知识溢出程度，探讨国际工程承包企业合规知识在项目生态系统中溢出效应差异的过程机制。本章的具体过程和内容如下：首先，基于知识溢出与协同进化关系的理论观点，分析了生态系统组织间知识溢出过程中组织通过学习相关知识驱动整个系统协同进化的重要机制。其次，本书聚焦国际工程承包企业在制裁事件中的合规经验知识在生态系统中的溢出，从社会距离、知识库兼容性及制裁事件强度三个方面探讨了生态成员从工程企业制裁事件中学习合规经验知识意愿的差异性，并提出相关的研究假设。最后，通过 3 个情景实验进行实证检验，并对研究结果进行讨论。

本章的研究结果表明，国际工程承包企业合规知识在与其社会距离近的生态成员中的溢出程度要大于社会距离远的群体。而且当生态成员与国际工程承包企业之间的知识库兼容性较高时，或制裁事件强度越大时，更能增强国际工程承包企业合规知识的溢出程度。为了扩大国际工程承包企业的合规知识在项目生态系统中的溢出，应拉近生态系统成员间的社会距离以及知识库兼容性。其次，监管机构在考虑制裁方式时，应通过新颖、颠覆及关键的方式来引起规制对象的注意，进一步扩大制裁的威慑范围。

在前一章节揭示了生态系统视角下国际工程承包企业合规行为驱动机制的基础上，本章的研究进一步探讨了工程企业合规带动整个项目生态系统成员合规的协同进化的过程机制，研究结果为促进国际工程项目生态系统成员合规的协同进化和整个项目生态系统的合规治理提供了一定的理论借鉴。由于生态成员具有主观能动性和学习能力，能从错误中吸取教训、积累经验，因此国际工程项目生态系统成员合规行为的协同演化需要生态成员不断地从制裁事件中总结经验教训，学习合规经验知识并不断地溢出到生态系统。

第 **7** 章

结论、启示与展望

7.1 研究结论

面对全球疫情对市场环境的冲击、全球产业链重构、市场竞争日趋激烈的形势，越来越多的中国工程企业不再选择单枪匹马，而是以"抱团出海"的方式整合工程项目价值链上下游企业建立生态合作模式，力争成员企业资源共享与价值共创，以此不断提升对外合作竞争优势。然而，国际工程项目参与方在跨界合作过程中产生的多样化的利益需求和复杂的监管规则引发的合规风险会给参与方间的生态合作关系构建带来严峻的挑战。有鉴于此，本书基于生态系统理论，以中国对外承包工程企业为研究对象，对国际工程项目生态系统构建、工程企业合规行为的形成及工程企业合规知识溢出等过程进行了深入分析。具体地，开展了四部分研究内容：构建了国际工程项目生态系统的理论模型，分析了国际工程承包企业生态位的形成差异，探索了工程企业生态位对企业合规行为的影响机理，揭示了工程企业合规在生态系统中的溢出效应。通过分析，本书取得的主要结论如下：

（1）国际工程项目生态系统是以承揽建设工程项目而搭建的工程建设综合服务平台，遵循"核心活动→核心企业→资源聚合→内部交互→价值共创"的活动逻辑，最终实现各生态成员的价值共创。

本书从生态系统视角出发，重新审视了国际工程项目价值链上利益相关者的关系，构建了国际工程项目生态系统的理论模型。研究结果表明，国际工程项目生态系统是以承揽建设国际工程项目为核心业务而搭建的平台，遵循"核心活动→核心企业→资源聚合→内部交互→价值共创"的活动逻辑，最终实现各生态成员的价值共创。该系统是由多主体和多要素组成的复杂系统，根据它们提供产品的类型被细分为不同的层级，包括核心层、支持层、扩展层及环境层，涵盖了国际工程项目价值链相关各方及环境要素。不同层级里的各个成员在系统中拥有不同的资源、担任不同的角色、占据不同的位置。生态系统中的要素之间彼此相互关联、相互制约、相互作用，通过多元联动与互利合作进行资源的整合、捆绑和撬动，来实现生态成员的协同进化和生态系统的迭代升级。

（2）国际工程承包企业生态位差异可以由企业规模、经营能力、资金能力、技术创新能力、国际化程度、社会责任履行能力六个因素形成的不同组态解释。

本书整合了生态位理论与资源相关理论的观点，建立了国际工程承包企业生态位差异的解释模型。研究结果表明，国际工程承包企业生态位差异实质由企业对资源获取和利用的差异导致，主要包括企业规模、经营能力、资金能力、技术创新能力、国际化程度、社会责任履行能力六个方面。实证结果显示，这些单一因素对企业生态位差异并不具有非常强的解释性，工程企业生态位的差异是受这六个因素共同影响，且存在组态效应。通过实证检验，本书共计得到 3 种解释工程承包企业"宽"生态位的组态和 1 种解释工程承包企业"窄"生态位的组态。其中，具有较"宽"生态位的工程企业的组态中均包括经营能力强、技术创新能力强、国际化程度低这三方面因素，而且经营能力强和国际化程度低是核心条件。企业规模大、资金能力强以及企业社会责任强在拓宽工程企业"生态位"方面发挥互补增强的作用。

（3）国际工程承包企业生态位会对企业合规行为产生显著影响，而且企业制裁风险感知对两者的关系起部分中介作用，企业制裁风险感知与企业合规行为之间的关系会受到生态伙伴合规共同愿景的调节。

本书提出了国际工程承包企业生态位对企业合规行为影响的理论模型，揭示了国际工程承包企业生态位与企业合规行为之间的关系，并分析了企业制裁风险感知以及生态伙伴合规共同愿景在这一过程中的中介和调节作用。通过理论探索和实证分析，研究结果表明，生态位越宽的国际工程承包企业以及与其他企业生态位重叠度越大的工程承包企业会更倾向于企业合规行为的实施。另外，企业制裁风险感知在生态位与合规行为间起部分中介作用，而且企业制裁风险感知与企业合规行为之间的关系会受到生态伙伴合规共同愿景的调节。当生态伙伴合规共同愿景较低时，企业制裁风险感知对企业合规行为的正向影响作用更强。

（4）国际工程承包企业合规知识在生态系统中的溢出程度存在差异，生态成员与工程承包企业之间的社会距离、知识库兼容性及制裁事件强度是解释这一差异形成的重要因素。

本书探索了国际工程承包企业合规知识在生态成员中的溢出效应，基于知识溢出与组织学习的关系，聚焦生态成员学习国际工程承包企业合规经验知识差异的情景，分析了工程承包企业合规知识在生态成员中溢出效应差异的过程机制。研究结果表明，生态成员与工程承包企业之间的社会距离、知识库兼容性及制裁事件强度三方面的因素会导致工程承包企业合规知识在生态成员中溢出程度的差异。其中国际工程承包企业的合规知识在与其社会距离近的生态成员中的溢出程度要大于社会距离远的群体。另外，生态成员与工程承包企业之间的知识库兼容性及制裁事件的强度特征会调节这一过程，其中工程承包企业合规经验知识在与其知识库兼容性较高或感知到的制裁事件强度较大的生态成员中溢出程度要更大。

7.2 建议与启示

7.2.1 理论建议

本书结论对工程项目组织间的生态合作关系建设及合规治理等相关理论研究具有以下几方面的建议：

（1）在后续对工程项目组织间生态合作关系的研究中，应充分考虑关键成员在组织交互过程中的重要作用。

本书结果肯定了国际工程承包企业在国际工程项目组织间生态合作关系构建和行为治理方面的积极作用，为后续考虑关键成员在组织合作关系中的作用奠定了理论基础。工程项目参与方中的关键成员占据了项目合作网络的关键节点，在合作网络中的资源交换、信息沟通和合作关系形成中承担重要的角色，这对组织间合作关系的资源配置效率及交易成本会产生重要影响。由于传统的研究还停留在项目交易属性的认识，生态型合作关系在工程行业的研究属于新兴领域，现有研究对工程项目生态型合作关系的认识还比较浅显，而这一类主体或将成为推进工程项目组织间生态合作关系研究中的重要驱动，需要得到未来研究的关注。

（2）在后续对企业竞争优势的研究中，应打破传统的依赖于自身能力或资源的限制，建议从企业生态位视角重新审视企业对资源和环境的适应性。

从企业竞争优势的演变可以看到，企业竞争优势突破了自身条件的限制，转向通过与其他企业和外部环境建立价值平台实现共同发展。传统的企业竞争优势理论已不能全面解释企业竞争优势的构建，为了更好地描述这一背景下的企业竞争优势，学者们提出了企业生态优势的概念，生态优势更加强调企业对外部资源的整合以及生态成员之间的互动、互惠共生和价值共创。而生态位是企业获取生态优势的关键，它反映了企业对资源环境的适应能力，在一定程度上代表了企业的生存力、竞争力和发展力。与自然界的生物存活法则一样，企业的生存也遵循适者生存规律，因此，企业生态位虽然反映了企业的生态优势，但它不是以赢得竞争为目标，它更强调对环境的适应性。因此，从企业生态位的视角重新审视企业的竞争优势需要得到未来研究的关注。

（3）在后续对生态型关系背景下成员合规行为治理的研究中，应改进传统的威慑导向的惩罚型治理机制，进行基于多元共治理念的治理机制设计。

过往研究对主体合规行为治理的研究强调制裁机构对规制对象的有效制裁源于制裁机制产生的威慑效应，即通过主张惩罚给予损害大于违规所获收益来预防违规。然而，在越来越严格的监管环境下，破坏法规制度，踩"红线"越"底线"闯"雷区"的企业违规行为仍屡禁不止。基于生态系统的理论观点，生态系统内部的成员之间以及成员与生态环境之间的关系是共益共生的，生态系统成员由于业务往来、资源依赖或信息共享等形成的相依性使得成员被纳入一个"利益共享，风险分担"的合作体系中。因此，要想对生态型关系背景下成员的合规行为进行有效治理，应该要发挥多元主体共同治理的作用。本书建议后续在相关研究中应改进传统的威慑导向的惩罚型治理机制，进行基于多元共治理念的治理机制设计。

7.2.2 实践启示

为进一步推动国际工程项目组织间生态合作关系建设，促进生态成员合规行为实施，实现生态成员价值共创等方面的实践管理，本书具有以下启示：

（1）国际工程项目各参与方应重视项目载体为各方搭建的合作平台，应不断推动合作向创造更大价值的生态系统模式演变与升级。

生态系统商业模式的潜在价值已经得到了社会各界的认可，为了促进国际工程行业的高质量发展，项目各参与方应重视项目载体为各方搭建的合作平台，加强对这一价值平台的挖掘和利用，推动项目生态系统的建设。国际工程项目生态系统不仅增强了项目各参与方的连接程度、拓展了合作关系边界、为各方提供了潜在的商业机会，而且能在更大程度上对行业标准和规范起到示范和治理作用，提升管理效率。在这一过程中，作为国际工程项目的核心供给方，工程企业需要加强对国际工程项目价值链上下游资源的整合，充分发挥其在合作网络中的核心位置和渠道优势，积极主动将互利共生的生态合作关系理念应用于与各参与方的关系发展中，从而带动国际工程项目组织间生态系统合作模式的演变与升级。

（2）国际工程项目组织间在跨界合作过程中应重视制度差异和多元监管体系产生的潜在合规风险，应通过多种措施来降低其带来的潜在负面影响。

国际工程项目的实施和管理嵌入在外部市场和制度环境中，项目各参与方不同的制度文化背景产生的制度差异和面临多元化的监管体系产生的合规风险已成为现阶段国际工程项目参与方合作中面临的突出挑战。为了降低合规风险的潜在影响，本书建议通过多种措施来促进各参与方的合规经营。首先，国际工程项目各参与方可以通过强化生态位的提升增强对资源和环境的适应性来降低合规成本，为合规经营创造有利条件。其次，应将"多元共治"理念应用到国际工程项目合规风险治理中，通过加强各参与方对合规共同愿景目标的建立，促使生态成员为了实现合规愿景共同付出努力，同时通过自身的合规行为提高参与度。最后，通过增加惩罚力度提高企业制裁风险感知等措施，继续发挥制裁机制对违规行为的重要威慑作用。

（3）国际工程项目各参与方应通过合作网络促进知识溢出和组织学习，建立各参与方协同发展和互惠共生的价值实现机制。

为了发挥国际工程项目生态系统产生的价值共创效能，各参与方通过合作网络进行知识共享和转移的活动是必要的，尤其是具有知识优势的参与方应积极产生知识溢出，促进其他企业的组织学习和能力提升，从而实现系统成员的协同发展。值得关注的是，本书在探讨国际工程承包企业的合规知识向生态系统中的成员溢出效应中，工程企业与生态成员之间的社会距离和知识库兼容性发挥了重要的桥梁作用。因此，为了扩大国际工程项目各参与方之间的知识溢出和组织学习，不仅要通过增强企业之间的联系拉近各参与方间的社会距离，而且还要通过泛化知识的适用性和推广性来增强知识转移主体之间的知识库兼容性。

7.3 研究不足与展望

本书虽然通过生态系统这一创新性视角围绕国际工程承包企业生态位及合规行为做了多方面的研究，但本书仍存在一些局限和不足之处需要在未来的研究中进行完善和发展，具体体现在以下三个方面：

第一，本书对国际工程项目生态系统的研究以及生态系统视角下国际工程承包企业生态位、合规行为的研究处于探索阶段，还需要更多数据及案例加以验证。由于目前生态系统等相关理论在工程行业领域的研究还处于萌芽阶段，实践中工程企业生态系统战略还未进行推广实施，缺乏实践应用的成熟案例。因此，本书对国际工程项目生态系统的形成、工程企业生态位对合规行为的影响以及合规行为在生态系统中的溢出等内容，多是从理论上进行探索性研究。对于在实践中国际工程承包企业生态系统战略的形成与演化以及工程企业与生态伙伴的合规治理等相关内容，还需要更多的数据调查和实证检验，以及更贴近现实的案例来加以验证。

第二，本书对于生态系统视角下国际工程承包企业合规行为的研究主要揭示了工程企业生态位对企业合规行为的影响以及工程企业合规经验知识在生态成员中的溢出效应，并未考虑生态系统要素间复杂的互动因素。考虑到国际工程项目生态系统主体的多样性和复杂性，如何科学有效地区分不同生态成员间的互动模式还存在很大的困难，故本书并未将不同生态成员的互动因素纳入工程企业合规行为形成和溢出的分析框架中。因此，在未来的研究中可以深入讨论生态成员之间以及生态成员与外部环境的互动模式，从而为更全面地研究生态系统视角下国际工程项目生态系统及生态成员的行为提供进一步的理论支撑。

第三，限于数据的可获得性，本书只开展了中国对外承包工程企业这单一母国的主题研究。考虑到中国工程企业在国际工程承包市场发展迅速及所占份额日益扩大，本书选取中国工程企业为研究对象具有一定的代表性和示范性。然而使用单一母国也限制了对国际工程项目生态系统范围的理解，未来研究可解锁更多的国家，对更大范围的国际工程项目生态系统进行研究。

附　录

附录 A：访谈邀请函及访谈提纲

编号：

访谈邀请函

致×××先生/女士，您好！

随着竞争加剧，专业分工不断细化，国际工程承包企业正将建筑服务延伸到价值链的所有增值环节。我国国际工程承包企业在国际承包市场的竞争中表现出居于产业链低端、产业结构不合理、市场份额低和效益差等不足，显示出我国国际工程承包企业核心竞争力相对较弱。

本次访谈工作是想了解贵企业在国际工程市场核心竞争力的提升及生态伙伴关系建立方面的情况和见解。您的见解和意见对我们顺利开展本次研究至关重要。感谢您的积极参与和支持！

访谈内容

（1）请您介绍一下贵企业的经营性质及您在贵公司的部门、职务、项目区域、工作内容和职责。

（2）请您介绍一下贵企业参与国际工程项目建设的核心竞争力的现状，有哪些方面构成，又应该从哪些方面提升？

（3）您认为贵企业是否希望与其他组织建立长期的互惠型伙伴关系？

（4）贵企业与哪些单位建立了长期的合作伙伴关系？

（5）请您谈一下对国际工程项目生态系统建设的看法？

（6）请您谈一下您觉得国际工程项目生态系统建设涉及的内容有哪些？

（7）请您谈一下国际工程项目生态系统建设带来的优势和风险有哪些？

（8）您是否能举出工程承包企业为构建国际工程项目生态系统建设做出努力的事例？

（9）请您谈一下您觉得国际工程项目生态系统建设的困难和挑战有哪些？

（10）其他您想要继续讨论和交流的内容。

附录 B：本书研究的 ENR250 强上榜的中国上市企业

企业名称	英文名称	企业简称
中国交通建设集团有限公司	China Communications Construction Company Limited	中国交建
中国电力建设集团有限公司	Power Construction Corporation of China Limited（POWERCHINA）	中国电建
中国建筑股份有限公司	China State Construction Engineering Corporation Limited	中国建筑
中国铁建股份有限公司	China Railway Construction Corporation Limited	中国铁建
中国中铁股份有限公司	China Railway Group Limited	中国中铁
中国化学工程集团有限公司	China National Chemical Engineering Group Corporation Limited	中国化学
中国石油集团工程股份有限公司	China Petroleum Engineering Corporation Limited	中油工程
上海电气集团股份有限公司	Shanghai Electric Group Company Limited	上海电气
中国中材国际工程股份有限公司	Sinoma International Engineering Company Limited	中材国际
北方国际合作股份有限公司	NORINCO International Cooperation Ltd.	北方国际
浙江省建设投资集团股份有限公司	Zhejiang Construction investment Group Company Limited	浙江建投
上海建工集团股份有限公司	Shanghai Construction Group Corporation Limited	上海建工
特变电工股份有限公司	TBEA Stock Company Limited	特变电工
中国武夷实业股份有限公司	China Wuyi Company Limited	中国武夷
中国有色金属建设股份有限公司	China Nonferrous Metal Industry's Foreign Engineering and Construction Company Limited	中色股份
安徽建工集团股份有限公司	Anhui Construction Engineering Group Holding Company Limited	安徽建工
中铝国际工程股份有限公司	China Aluminum International Engineering Corporation Limited	中铝国际

附录C：中国工程承包企业境外工程项目伙伴关系及合规行为的调查问卷

编号：

中国工程承包企业境外工程项目伙伴关系及合规行为的调查问卷

尊敬的先生/女士：

您好！非常感谢您能抽出宝贵时间填写调查问卷。本问卷旨在了解中国承包企业境外工程项目建设的情况，分析中国承包企业伙伴关系建立与合规行为的表现，从而为后续开展中国承包企业战略转型及国际竞争力提升的相关研究提供基础。

我们承诺，您所填写的个人信息与调查内容仅用于了解情况与学术研究，我们会做好所有问卷的保密工作。希望您能够根据自身的实际情况回答问卷所列出的问题，并在填写时不要漏项。最后，再次感谢您的帮助与支持！

0. 您是否有**国际工程承包项目**的相关**实践**经验？（身份检测题）
   □是　□否（请跳至问卷末尾，提交答卷）

第一部分　基本信息

说明：请您根据自己的实际情况，在相应的选项方框内打"√"

1. **贵公司性质属于：**

□央企 □国企 □民营 □合资 □其他

2. **贵公司的规模属于：**

□小于100人 □100～500人 □500～1000人 □1000人以上

3. **贵公司在国际工程项目建设中属于：**

□建设单位 □设计单位 □勘察单位 □咨询单位 □施工单位 □监理单位 □材料设备供应商

□金融机构 □政府部门 □用户 □其他

4. 贵公司在国际工程项目建设中的经验:

□10 年以上 □5～10 年 □3～5 年 □3 年以下

5. 贵公司近 5 年在国际工程项目建设中的承发包模式:

□项目总承包交钥匙 + 融资（EPC + F） □项目总承包交钥匙（EPC） □建设运营移交（BOT）

□设计施工总承包（DB） □施工总承包 □专业分包 □其他

第二部分　中国工程承包企业伙伴关系及合规行为评价

提示：请您结合贵企业在承揽国际工程项目建设时的实际表现，在相应的选项下方打"√"。

1. 请您对贵企业与合作伙伴的合规目标进行评价（1 = 非常不符合，5 = 非常符合）

题项	符合程度				
	1	2	3	4	5
①贵公司与合作伙伴各方均认为在业务开展中要坚持合规经营；					
②贵公司与合作伙伴各方对联盟的合规经营都具有清晰的规定；					
③贵公司与合作伙伴各方均承诺要为联盟合规的声誉做出努力；					
④贵公司与合作伙伴各方都愿意对联盟合规发展结果承担责任。					

2. 请您对贵企业的制裁风险认知进行评价（1 = 非常不符合，5 = 非常符合）

题项	符合程度				
	1	2	3	4	5
①国际工程市场经营中不合规的企业受到监管制裁的可能性比较大；					
②国际工程市场经营中出现不合规行为将面临比较严重的制裁结果；					
③国际工程市场中不合格行为的监管处罚/法律制裁处理得比较及时。					

3. 请您对贵企业自身能力进行评价（1 = 非常不符合，5 = 非常符合）

题项	符合程度				
	1	2	3	4	5
①贵公司的技术或服务在国际工程行业中占有很大的市场份额；					
②贵公司对内外部资金、技术及人才具有很高的获取能力和利用程度；					
③贵公司在吸引外来资源时，具有很强的竞争能力；					
④贵公司与工程项目各利益相关者保持较紧密的社会网络关系。					

4. 请您对贵企业的合规行为进行评价（1 = 非常不符合，5 = 非常符合）

题项	符合程度				
	1	2	3	4	5
①贵公司的经营活动基本遵守工程行业的法律法规要求；					
②贵公司的经营活动基本遵守工程行业的相关行业惯例；					
③贵公司的经营活动基本遵守相应的商业行为道德规范；					
④贵公司建立了严格的行为准则，以抵制管理岗位上的违规行为；					
⑤贵公司有专门的合规管理部门，专门负责公司的合规监管工作；					
⑥贵公司会持续、动态地对上述行为准则的设定和执行提出改进。					

5. 请您对贵企业与行业内其他企业的相似性进行评价（1 = 非常不符合，5 = 非常符合）

题项	符合程度				
	1	2	3	4	5
①贵公司的技术和服务与行业内其他企业具有很高的相似性；					
②贵公司在目标市场上与行业中其他企业具有很高的相似性；					
③贵公司在业务开拓方式上与行业中其他企业具有很高的相似性；					
④贵公司在资源获取方式上与行业中其他企业具有很高的相似性；					

问卷已结束，请确认问卷是否填写完整！再次感谢您的支持与配合！

附录 D：情景实验材料

实验 1：社会距离（远 vs 近）→生态成员从工程承包企业被制裁事件中学习合规经验知识的意愿

场景	变量操纵	场景描述
场景 1	近社会距离	假设您在一家从事近 20 年国际工程业务的企业中担任风险控制部经理，您所在的企业 B 与另外一家国际工程承包企业 A 有近 10 年的国际业务合作关系。你们两家企业合作完成了超过 5 个国际工程项目，通过这些交易，你们了解彼此的业务经营风格，并建立了一套共同的商业行为准则。 某一天，您偶然间得知这家企业 A 因在某国的一项由其独自完成的国际工程项目的实施过程中违反了东道国的法律被实施制裁的消息，使其预期的利润额大大降低，并给企业的声誉也带来了一定的损失
场景 2	远社会距离	假设您在一家从事近 20 年国际工程业务的企业中担任风险控制部经理，您所在的企业 B 与另外一家国际工程承包企业 A 从未有过合作和联系。你们两家企业不了解彼此的业务经营风格。 某一天，您偶然间得知这家企业 A 因在某国的一项由其独自完成的国际工程项目的实施过程中违反了东道国的法律被实施制裁的消息，使其预期的利润额大大降低，并给企业的声誉也带来了一定的损失

请您根据上述场景，回答以下问题。

①您会选择下图中的（　　　）选项来描述您所在企业 B 与企业 A 之间的关系。（重叠部分越大，代表关系越密切）

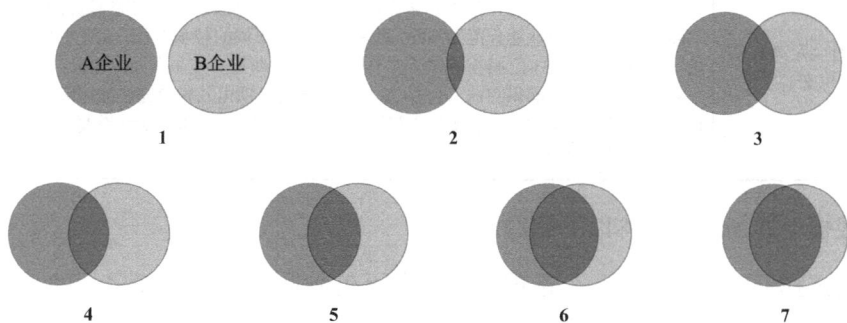

②在 A 企业制裁事件发生后，请您对您所在的企业 B 在以下几方面的决策作出预测：

企业的决策表现	完全符合	比较符合	一般	不太符合	完全不符合
我们企业会搜集 A 企业制裁事件的相关信息					
我们企业认为 A 企业制裁事件给我们起到了警示作用					
我们企业会识别潜在的合规风险，并提出应对办法					
我们企业会寻找一些合规课程或培训，学习合规管理技能					
我们企业会据此来改善合规监管体系					

实验2：社会距离（远 vs 近）×知识库兼容性（高 vs 低）→生态成员从工程承包企业被制裁事件中学习合规经验知识的意愿

场景	变量操纵	场景描述
场景1	近社会距离×知识库兼容性高	假设您在一家从事近20年国际工程业务的企业中担任风险控制部经理，您所在的企业B与另外一家国际工程承包企业A有着近10年的国际业务合作关系，合作完成了超过5个国际工程项目，通过这些交易，你们了解彼此的业务经营风格，并建立了一套共同的商业行为准则。 你们两家企业业务范围相似，两家企业有着相似的技术专长，企业中技术人员的资格和培训相似，员工之间在协作活动中相对容易从对方获得一些非书面的知识。 某一天，您偶然间得知这家企业A在某国的一项由其独自完成的国际工程项目实施过程中，因违反了东道国的法律被实施制裁的消息，使其预期的利润额大大降低，并给企业的声誉也带来了一定的损失。
场景2	近社会距离×知识库兼容性低	假设您在一家从事近20年国际工程业务的企业中担任风险控制部经理，您所在的企业B与另外一家国际工程承包企业A有着近10年的国际业务合作关系，合作完成了超过5个国际工程项目，通过这些交易，你们了解彼此的业务经营风格，并建立了一套共同的商业行为准则。 但你们两家企业业务范围不同，两家企业有不同的技术专长，企业中技术人员的资格和培训是特有的，员工之间在协作活动中很难从对方获得一些非书面的知识。 某一天，您偶然间得知这家企业A因在某国的一项由其独自完成的国际工程项目的实施过程中违反了东道国的法律被实施制裁的消息，使其预期的利润额大大降低，并给企业的声誉也带来了一定的损失
场景3	远社会距离×知识库兼容性高	假设您在一家从事近20年国际工程业务的企业中担任风险控制部经理，您所在的企业B与另外一家国际工程承包企业A从未有过合作和联系，两家企业不了解彼此的业务经营风格。 但你们两家企业业务范围相似，两家企业有着相似的技术专长，企业中技术人员的资格和培训相似，员工之间在协作活动中相对容易从对方获得一些非书面的知识。 某一天，您偶然间得知这家企业A因在某国的一项由其独自完成的国际工程项目的实施过程中违反了东道国的法律被实施制裁的消息，使其预期的利润额大大降低，并给企业的声誉也带来了一定的损失
场景4	远社会距离×知识库兼容性低	假设您在一家从事近20年国际工程业务的企业中担任风险控制部经理，您所在的企业B与另外一家国际工程承包企业A从未有过合作和联系，两家企业不了解彼此的业务经营风格。 而且你们两家企业业务范围不同，两家企业有着不同的技术专长，企业中技术人员的资格和培训是特有的，员工之间在协作活动中很难从对方获得一些非书面的知识。 某一天，您偶然间得知这家企业A因在某国的一项由其独自完成的国际工程项目的实施过程中违反了东道国的法律被实施制裁的消息，使其预期的利润额大大降低，并给企业的声誉也带来了一定的损失

请您根据上述场景，回答以下问题。

①您会选择下图中的（　　　）选项来描述您所在企业B与企业A之间的关系：

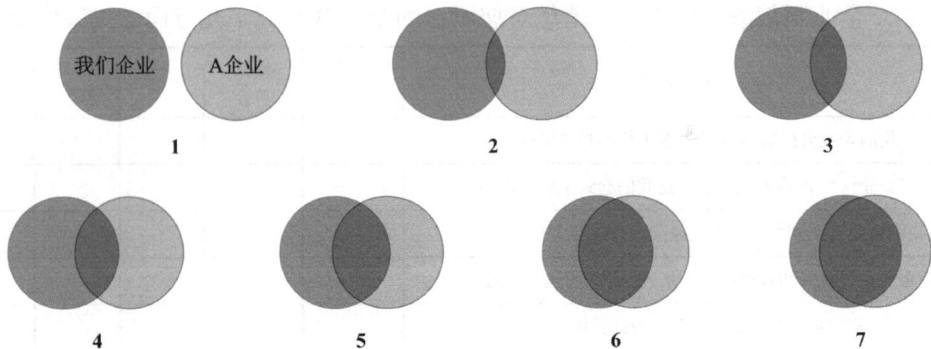

②根据您所在企业 B 和企业 A 之间的关系，请您对以下内容作出评估：

企业的决策表现	完全符合	比较符合	一般	不太符合	完全不符合
我们企业能够理解企业 A 的技能和技术					
企业 A 也能够理解我们企业的技能和技术					
我们企业和企业 A 的知识体系是兼容的					
我们企业与企业 A 掌握新技能和新技术的方法是相似的					

③在 A 企业制裁事件发生后，请您对您所在的企业 B 在以下几方面的决策作出预测：

企业的决策表现	完全符合	比较符合	一般	不太符合	完全不符合
我们企业会搜集 A 企业制裁事件的相关信息					
我们企业认为 A 企业制裁事件给我们起到了警示作用					
我们企业会识别潜在的合规风险，并提出应对办法					
我们企业会寻找一些合规课程或培训，学习合规管理技能					
我们企业会据此来改善合规监管体系					

实验 3：社会距离（远 vs 近）× 制裁事件强度（低 vs 高）→生态成员从工程承包企业被制裁事件中学习合规经验知识的意愿

场景	变量操纵	场景描述
场景 1	近社会距离 × 制裁事件强度大	假设您在一家从事近 20 年国际工程业务的企业中担任风险控制部经理，您所在的企业 B 与另外一家国际工程承包企业 A 有着近 10 年的国际业务合作关系，合作完成了超过 30 个国际工程项目，通过这些交易，你们了解彼此的业务经营风格，并建立了一套共同的商业行为准则。 　　某一天，您偶然间得知这家企业 A 在某国的一项由其独自完成的国际工程项目实施过程中，因违反了东道国的法律被实施制裁的消息，使其预期的利润额大大降低，并给企业的声誉也带来了一定的损失。 　　这次的制裁事件与以往市场披露的制裁事件有很大区别，这一事件发生后改变了您所在企业惯常的风险应对方法，制裁的原因与您所在企业未来目标的实现也密切相关
场景 2	近社会距离 × 制裁事件强度小	假设您在一家从事近 20 年国际工程业务的企业中担任风险控制部经理，您所在的企业 B 与另外一家国际工程承包企业 A 有着近 10 年的国际业务合作关系，合作完成了超过 30 个国际工程项目，通过这些交易，你们了解彼此的业务经营风格，并建立了一套共同的商业行为准则。 　　某一天，您偶然间得知这家企业 A 在某国的一项由其独自完成的国际工程项目实施过程中，因违反了东道国的法律被实施制裁的消息，使其预期的利润额大大降低，并给企业的声誉也带来了一定的损失。 　　这次制裁事件与以往市场披露的制裁事件没有太大区别，这一事件发生后没有改变您所在企业惯常的风险应对方法，制裁的原因与您所在企业未来目标的实现也没有太大影响
场景 3	远社会距离 × 制裁事件强度大	假设您在一家从事近 20 年国际工程业务的企业中担任风险控制部经理，您所在的企业 B 与另外一家国际工程承包企业 A 从未有过合作和联系，两家企业不了解彼此的业务经营风格。 　　某一天，您偶然间得知这家企业 A 在某国的一项由其独自完成的国际工程项目实施过程中，因违反了东道国的法律被实施制裁的消息，使其预期的利润额大大降低，并给企业的声誉也带来了一定的损失。 　　这次制裁事件与以往市场披露的制裁事件有很大区别，这一事件发生后改变了您所在企业惯常的风险应对方法，制裁的原因与您所在企业未来目标的实现也密切相关

续表

场景	变量操纵	场景描述
场景 4	远社会距离×制裁事件强度小	假设您在一家从事近 20 年国际工程业务的企业中担任风险控制部经理，您所在的企业 B 与另外一家国际工程承包企业 A 从未有过合作和联系，两家企业不了解彼此的业务经营风格。 某一天，您偶然间得知这家企业 A 在某国的一项由其独自完成的国际工程项目实施过程中，因违反了东道国的法律被实施制裁的消息，使其预期的利润额大大降低，并给企业的声誉也带来了一定的损失。 这次制裁事件与以往市场披露的制裁事件没有太大区别，这一事件发生后没有改变您所在企业惯常的风险应对方法，制裁的原因与您所在企业未来目标的实现也没有太大影响

请您根据该场景，回答以下问题。

①您会选择下图中的（　　　）选项来描述您所在企业 B 与企业 A 之间的关系。

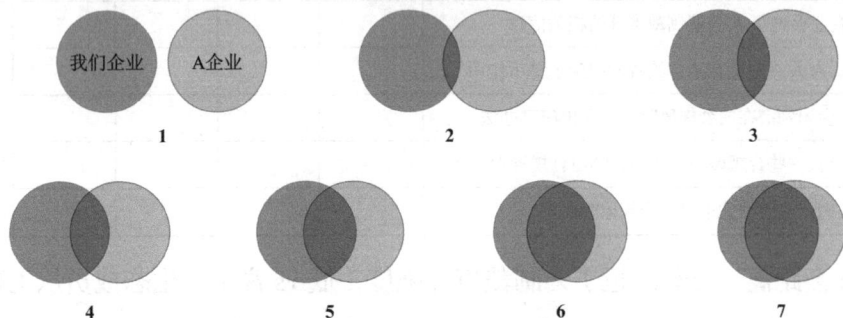

②根据企业 A 的制裁事件，请您对以下内容作出评估：

制裁事件的强度	非常强	比较强	一般	比较弱	非常弱
企业 A 制裁事件区别以往事件的新颖程度					
企业 A 制裁事件对其常规活动的颠覆程度					
企业 A 制裁事件对实现组织目标的关键性					

③请您对您所在的企业在以下几方面的决策作出预测：

企业的决策表现	完全符合	比较符合	一般	不太符合	完全不符合
我们企业会搜集 A 企业制裁事件的相关信息					
我们企业认为 A 企业制裁事件给我们起到了警示作用					
我们企业会识别潜在的合规风险，并提出应对办法					
我们企业会寻找一些合规课程或培训，学习合规管理技能					
我们企业会据此来改善合规监管体系					

参 考 文 献

[1]   Anicich E M, Foulk T A, Osborne M R, et al. Getting back to the "new normal" : Autonomy restoration during a global pandemic[J]. Journal of Applied Psychology, 2020, 105(9): 931-943.

[2]   Worley C G, Jules C. Covid-19's uncomfortable revelations about agile and sustainable organizations in a VUCA world[J]. The Journal of Applied Behavioral Science, 2020, 56(3): 279-283.

[3]   Ioulianou S P, Leiblein M J, Trigeorgis L. Multinationality, portfolio diversification, and asymmetric MNE performance: The moderating role of real options awareness[J]. Journal of International Business Studies, 2021, 52(3): 388-408.

[4]   Aarseth W, Rolstadås A, Andersen B. Managing organizational challenges in global projects[J]. International Journal of Managing Projects in Business, 2013, 7(1): 103-132.

[5]   Hellstrom M, Tsvetkova A, Gustafsson M, et al. Collaboration mechanisms for business models in distributed energy ecosystems[J]. Journal of Cleaner Production, 2015, 102(1): 226-236.

[6]   Iansiti M, Levien R. Strategy as ecology[J]. Harvard business review, 2004, 82(3): 68-78.

[7]   Pera R, Occhiocupo N, Clarke J. Motives and resources for value co-creation in a multi-stakeholder ecosystem: A managerial perspective[J]. Journal of Business Research, 2016, 69(10): 4033-4041.

[8]   Adner R. Match your innovation strategy to your innovation ecosystem[J]. Harvard Business Review, 2006, 84(4): 98-107;148.

[9]   Peltola T, Aarikka-Stenroos L, Viana E, et al. Value capture in business ecosystems for municipal solid waste management: Comparison between two local environments[J]. Journal of Cleaner Production, 2016, 137(20): 1270-1279.

[10]   Pache A C, Santos F. Inside the hybrid organization: Selective coupling as a response to competing institutional logics[J]. Academy of Management Journal, 2013, 56(4): 972-1001.

[11]   Williamson P J, De Meyer A. Ecosystem advantage: How to successfully harness the power of partners[J]. California management review, 2012, 55(1): 24-46.

[12]   谢小凤, 杨扬, 张凤英, 等. 多重关联关系下供应链上关联信用风险的传染效应[J]. 中国管理科学, 2021, 29(9): 77-89.

[13]   Xue J, Shen G Q, Yang R J, et al. Dynamic network analysis of stakeholder conflicts in megaprojects: Sixteen-year case of Hong Kong-Zhuhai-Macao Bridge[J]. Journal of Construction Engineering and Management, 2020, 146(9): 04020103.

[14]   李涛, 刘灼, 陈海峰, 等. "一带一路" 倡议与企业国际化经营——基于制度距离的经验考察[J]. 新金融, 2019(10): 17-22.

[15]   Kluge A, Badura B, Rietz C. Framing effects of production outcomes, the risk of an accident, control beliefs and their effects on safety-related violations in a production context[J]. Journal of Risk Research, 2013, 16(10): 1241-1258.

[16]   Cuervo-Cazurra A. Corruption in international business[J]. Journal of World Business, 2016, 51(1): 35-49.

[17] Rabbiosi L, Santangelo G D. Host country corruption and the organization of HQ-subsidiary relationships[J]. Journal of International Business Studies, 2018, 50(1): 111-124.

[18] 冯东梅, 武长静, 张瑞雪. 基于SNA的大型复杂工程项目组织互惠型知识共享关系研究[J]. 科技管理研究, 2019, 39(20): 169-175.

[19] Lahdenperae P. Making sense of the multi-party contractual arrangements of project partnering, project alliancing and integrated project delivery[J]. Construction Management & Economics, 2012, 30(1-3): 57-79.

[20] Hietajärvi A M, Aaltonen K. The formation of a collaborative project identity in an infrastructure alliance project[J]. Construction management and economics, 2018, 36(1): 1-21.

[21] Pargar F, Kujala J, Aaltonen K, et al. Value creation dynamics in a project alliance[J]. International Journal of Project Management, 2019, 37(5): 716-730.

[22] Stjerne I S, Söderlund J, Minbaeva D. Crossing times: Temporal boundary-spanning practices in interorganizational projects[J]. International Journal of Project Management, 2018, 37(2): 327-365.

[23] 丁荣贵, 高少冲, 孙涛, 等. 匹配视角下协同创新项目社会网络参与方选择决策[J]. 软科学, 2018, 32(4): 1-6.

[24] Burt R S. The network structure of social capital[J]. Research in Organizational Behavior, 2000, 22: 345-423.

[25] Mannix E A, Sauer S J. Status and Power in Organizational Group Research: Acknowledging the Pervasiveness of Hierarchy[J]. Advances in Group Processes, 2006, 23: 149-182.

[26] Lingard H, Pirzadeh P, Blismas N, et al. Exploring the link between early constructor involvement in project decision-making and the efficacy of health and safety risk control[J]. Construction Management & Economics, 2014, 32(9): 918-931.

[27] Sedita S R, Apa R. The impact of inter-organizational relationships on contractors' success in winning public procurement projects: The case of the construction industry in the Veneto region[J]. International Journal of Project Management, 2015, 33(7): 1548-1562.

[28] 赵天骄, 肖翔, 张冰石. 利益相关者网络特征与民营企业社会责任绩效[J]. 管理学报, 2019, 16(3): 397-407.

[29] 陈莞, 张烨桢. 空间视角下企业社会责任与创新的关系研究——基于地理邻近和网络位置的调节作用[J]. 华东经济管理, 2021, 35(1): 35-44.

[30] Chinowsky P S, Diekmann J, O'Brien J. Project organizations as social networks[J]. Journal of Construction Engineering and Management, 2010, 136(4): 452-458.

[31] Liu L, Han C, Xu W. Evolutionary analysis of the collaboration networks within national quality award projects of China[J]. International Journal of Project Management, 2015, 33(3): 599-609.

[32] Han Y, Li Y, Taylor J E, et al. Characteristics and evolution of innovative collaboration networks in architecture, engineering, and construction: Study of national prize-winning projects in China[J]. Journal of Construction Engineering and Management, 2018, 144(6): 04018038.

[33] 周红, 成虎, 徐鹏富. 工程项目生态系统概念与原理研究[J]. 中国工程科学, 2006(10): 94-98.

[34] 杨玄酯, 罗巍, 唐震. 中国水电工程企业"走出去"商业生态系统机制研究[J]. 管理案例研究与评论, 2020, 13(6): 617-630.

[35]   谭劲松, 宋娟, 陈晓红. 产业创新生态系统的形成与演进: "架构者" 变迁及其战略行为演变[J]. 管理世界, 2021, 37(9): 167-191.

[36]   柳卸林, 孙海鹰, 马雪梅. 基于创新生态观的科技管理模式[J]. 科学学与科学技术管理, 2015, 36(1): 18-27.

[37]   王淑英, 常乐, 张水娟, 等. 创新生态系统、溢出效应与区域创新绩效——基于空间杜宾模型的实证研究[J]. 哈尔滨商业大学学报 (社会科学版) , 2019(1): 107-116+128.

[38]   肖红军, 李平. 平台型企业社会责任的生态化治理[J]. 管理世界, 2019, 35(4): 120-144+196.

[39]   辛杰, 李丹丹. 企业生态系统社会责任互动的涵蕴与管理变革[J]. 商业经济与管理, 2016(1): 21-28.

[40]   侯杰, 陆强, 石涌江, 等. 基于组织生态学的企业成长演化:有关变异和生存因素的案例研究[J]. 管理世界, 2011(12): 116-130.

[41]   曹兴, 李文. 创新网络结构演化对技术生态位影响的实证分析[J]. 科学学研究, 2017, 35(5): 792-800.

[42]   Tsui, A. S. Contextualization in Chinese Management Research[J]. Management & Organization Review, 2010, 2(1): 1-13.

[43]   Ullah S, Wang Z, Stokes P, et al. Risk perceptions and risk management approaches of Chinese overseas investors: An empirical investigation[J]. Research in International Business and Finance, 2019, 47: 470-486.

[44]   王胜文, 房秋晨. 中国对外承包工程发展报告 2017—2018[R]. 北京:中华人民共和国商务部, 中国对外承包工程商会, 2019.

[45]   张宇. 2021 年度国际承包商 250 强榜单解读[J]. 工程管理学报, 2021, 35(4): 147-152.

[46]   Li H, Huang Y, Tian S. Risk probability predictions for coal enterprise infrastructure projects in countries along the Belt and Road Initiative-ScienceDirect[J]. International Journal of Industrial Ergonomics, 2019, 69: 110-117.

[47]   张美莎, 冯涛. 国际环境监管能够倒逼上游企业创新吗?——来自中国制造业的经验证据[J]. 西安交通大学学报 (社会科学版) , 2020, 40(1): 48-56.

[48]   陈瑞华. 论企业合规的中国化问题[J]. 法律科学 (西北政法大学学报) , 2020, 38(3): 1-15.

[49]   刘蕾. 合法性视角下企业参与社区治理战略研究[J]. 南通大学学报 (社会科学版) , 2019, 35(2): 58-67.

[50]   陈向明. 质的研究方法与社会科学研究[M]. 北京: 教育科学出版社, 2000.

[51]   陈晓萍, 沈伟. 组织与管理研究的实证方法[M]. 3 版. 北京: 北京大学出版社, 2020.

[52]   Neuendorf K A. Defining content analysis[M]. Thousand Oaks, CA: Sage, 2002.

[53]   Ragin C C. Set relations in social research: Evaluating their consistency and coverage[J]. Political Analysis, 2006, 14(3): 291-310.

[54]   龙立荣. 层级回归方法及其在社会科学中的应用[J]. 教育研究与实验, 2004(1): 51-56.

[55]   Valentine S, Hollingworth D. Moral intensity, issue importance, and ethical reasoning in operations situations[J]. Journal of Business Ethics, 2012, 108(4): 509-523.

[56]   Lee S Y, Sung Y H, Choi D, et al. Surviving a crisis: How crisis type and psychological distance can inform

corporate crisis responses[J]. Journal of Business Ethics, 2019(2).

[57] Michael O, Wood T J, Noseworthy S R. If you can't see the forest for the trees, you might just cut down the forest: The perils of forced choice on "seemingly" unethical decision-making[J]. Journal of Business Ethics, 2013, 118: 515-527.

[58] Husser J, Gautier L, André J M, et al. Linking purchasing to ethical decision-making: An empirical investigation[J]. Journal of Business Ethics, 2014, 123(2): 327-338.

[59] Peteraf M A, Barney J B. Unraveling the resource-based tangle[J]. Managerial and Decision Economics, 2003, 24(4): 309-323.

[60] Eisenhardt K M, Martin J A. Dynamic capabilities: What are they?[J]. Strategic Management Journal, 2000, 21(10-11): 1105-1121.

[61] 唐继凤, 肖宵, 李新春. 企业战略节奏与竞争优势: 一个理论框架[J]. 外国经济与管理, 2021, 43(7): 3-21.

[62] Barney J B. Firm resources and sustained competitive advantage[J]. Advances in Strategic Management, 1991, 17(1): 3-10.

[63] Prahalad C K, Hamel G. The core competence of the corporation[J]. Harvard Business Review, 2010, 68(3): 275-292.

[64] 王建军, 昝冬平. 动态能力、危机管理与企业竞争优势关系研究[J]. 科研管理, 2015, 36(7): 79-85.

[65] Helfat C E, Raubitschek R S. Dynamic and integrative capabilities for profiting from innovation in digital platform-based ecosystems[J]. Research Policy, 2018, 47(8): 1391-1399.

[66] Moore J F. Predators and prey: A new ecology of competition[J]. Harvard Business Review, 1993, 71(3): 75-86.

[67] Kim H, Lee J N, Han J. The role of IT in business ecosystems[J]. Communications of the ACM, 2010, 53(5): 151-156.

[68] Baghbadorani M F, Harandi A. A conceptual model for business ecosystem and implications for future research[J]. International Proceedings of Economics Development and Research, 2012, 52(17): 82-86.

[69] 韩炜, 邓渝. 商业生态系统研究述评与展望[J]. 南开管理评论, 2020, 23(3): 14-27.

[70] 崔淼, 李万玲. 商业生态系统治理: 文献综述及研究展望[J]. 技术经济, 2017, 36(12): 53-62+120.

[71] Vargo S L, Lusch R F. Service-dominant logic 2025[J]. International Journal of Research in Marketing, 2016, 34(1): 46-67.

[72] 宋华, 陈思洁, 于亢亢. 商业生态系统助力中小企业资金柔性提升: 生态规范机制的调节作用[J]. 南开管理评论, 2018, 21(3): 11-22+34.

[73] Kumar V. Platform ecosystems: Aligning architecture, governance, and strategy[J]. Journal of Information Technology Cases & Applications, 2018, 20(2): 90-92.

[74] 王千. 互联网企业平台生态圈及其金融生态圈研究——基于共同价值的视角[J]. 国际金融研究, 2014, 331(11): 76-86.

[75] 罗珉, 李亮宇. 互联网时代的商业模式创新: 价值创造视角[J]. 中国工业经济, 2015, 57(1): 95-107.

[76] 欧忠辉, 朱祖平, 夏敏, 等. 创新生态系统共生演化模型及仿真研究[J]. 科研管理, 2017, 38(12):

49-57.

[77]　孙聪, 魏江. 企业层创新生态系统结构与协同机制研究[J]. 科学学研究, 2019, 37(7): 1316-1325.

[78]　Adner R. Ecosystem as structure: An actionable construct for strategy[J]. Journal of Management, 2017, 43(1): 39-58.

[79]　Adner R, Kapoor R. Value creation in innovation ecosystems: How the structure of technological interdependence affects firm performance in new technology generations[J]. Strategic Management Journal, 2010, 31(3): 306-333.

[80]　Adner R, Kapoor R. Innovation ecosystems and the pace of substitution: Re-examining technology S-curves[J]. Strategic Management Journal, 2016, 37(4): 625-648.

[81]　Kapoor R, Agarwal S. Sustaining superior performance in business ecosystems: Evidence from application software developers in the iOS and Android smartphone ecosystems[J]. Organization Science, 2017, 28(3): 531-551.

[82]　Adner R, Feller D. Interdependence, perception, and investment choices: An experimental approach to decision making in innovation ecosystems[J]. Organization Science, 2019, 30(1): 109-125.

[83]　Jacobides M G, Tae C J. Kingpins, bottlenecks, and value dynamics along a sector[J]. Organization Science, 2015, 26(3): 889-907.

[84]　Jacobides M G, Cennamo C, Gawer A. Towards a theory of ecosystems[J]. Strategic Management Journal, 2018, 39(8): 2255-2276.

[85]　李恒毅, 宋娟. 新技术创新生态系统资源整合及其演化关系的案例研究[J]. 中国软科学, 2014(6): 129-141.

[86]　Pfeffer J, Salancik G R. The external control of organizations: A resource dependence perspective[M]. Stanford: Stanford University Press, 1978.

[87]　吕文晶, 陈劲, 汪欢吉. 组织间依赖研究述评与展望[J]. 外国经济与管理, 2017, 39(2): 72-85.

[88]　王建刚, 吴洁. 双元视角下企业响应资源依赖的策略研究[J]. 科研管理, 2020, 41(6): 199-209.

[89]　Baker T, Nelson R E. Creating something from nothing: Resource construction through entrepreneurial bricolage[J]. Administrative Science Quarterly, 2005, 50(3): 329-366.

[90]　张青, 华志兵. 资源编排理论及其研究进展述评[J]. 经济管理, 2020, 42(9): 193-208.

[91]　Vargo S L, Lusch R F. Institutions and axioms: An extension and update of service-dominant logic[J]. Journal of the Academy of Marketing Science, 2015, 44(1): 5-23.

[92]　Knoke D, Powell W W, Dimaggio P J . The new institutionalism in organizational analysis. [J]. American Political Science Review, 1993, 87(2): 501-502.

[93]　理查德·斯科特. 制度与组织:思想观念与物质利益[M]. 北京: 中国人民大学出版社, 2010.

[94]　Greenwood R, Raynard M, Kodeih F, et al. Institutional complexity and organizational responses[J]. Academy of Management Annals, 2011, 5(1): 317-371.

[95]　Oliver B C. Institutional linkages and organizational mortality[J]. Administrative Science Quarterly, 1991, 36(2): 187-218.

[96]　Stensöta H, Wängnerud L, Svensson R. Gender and corruption:The mediating power of institutional

logics[J]. Governance, 2015, 28(4): 475-496.

[97] 辛本禄, 刘燕琪. 基于制度作用机制的服务生态系统整合模型研究[J]. 中国科技论坛, 2021(1): 136-146.

[98] 冯东梅. 政府投资项目组织群体生态研究[D]. 阜新: 辽宁工程技术大学, 2012.

[99] 林基础, 陆彦, 成虎. 大型公共工程项目生态系统框架研究[J]. 建筑经济, 2006(11): 29-32.

[100] 赵振宇, 姚佳慧. 国际工程承包企业的生态系统平衡[J]. 施工企业管理, 2014(6): 109-111.

[101] 陈勇. 以建筑工程总承包企业为核心的商业生态系统的构建[D]. 南京:南京航空航天大学, 2008.

[102] 石莎莎, 史安娜, 张鑫, 等. 基础设施产业生态的市场化演化研究[J]. 财务与金融, 2009(3): 58-62.

[103] 杨英楠, 张一丹, 袁琳. 建筑信息模型生态系统形成动因分析[J]. 科技管理研究, 2020, 40(12): 197-204.

[104] 江妍, 李洁, 林涛涛, 等. 林业 PPP 项目生态系统构建及其共生度测度[J]. 新疆农垦经济, 2018(12): 58-65.

[105] 毛超, 谢芳芸, 刘贵文. 建筑工业化生态系统发展与演化研究——基于仿生学 Lotka-Volterra 模型 [J]. 建筑经济, 2017, 38(5): 91-98.

[106] Jiang R, Wu C, Mao C, et al. Ecosystem visualization and analysis of Chinese Pref Jiang Abricated Housing Industry[J]. Procedia Engineering, 2016, 145:436-443.

[107] 曾赛星, 陈宏权, 金治州, 等. 重大工程创新生态系统演化及创新力提升[J]. 管理世界, 2019, 35(4): 28-38.

[108] 唐震, 张露, 张阳. 基于创新生态系统的水电工程技术标准国际化路径——英国标准协会(BSI)案例研究[J]. 科研管理, 2022, 43(12): 1-13.

[109] 潘剑英, 王重鸣. 商业生态系统理论模型回顾与研究展望[J]. 外国经济与管理, 2012, 34(9): 51-58.

[110] Artto K, Ahola T, Vartiainen V. From the front end of projects to the back end of operations: Managing projects for value creation throughout the system lifecycle[J]. International Journal of Project Management, 2016, 34(2): 258-270.

[111] Matinheikki J, Artto K, Peltokorpi A, et al. Managing inter-organizational networks for value creation in the front-end of projects[J]. International Journal of Project Management, 2016, 34(7): 1226-1241.

[112] 周红. 大型工程与生态的共生交互研究[J]. 科技进步与对策, 2008(10): 44-47.

[113] 陆彦, 成虎, 陈守科. 基于生态学的工程项目适应性研究[J]. 建筑经济, 2008(5): 79-81.

[114] 衡孝庆, 谭清美. 工程管理的生态界面分析[J]. 科技管理研究, 2008(1): 141-142+155.

[115] 王作功, 贾元华, 李健. 基于生态系统理论构建的项目风险管理系统[J]. 北京交通大学学报, 2009, 33(6): 56-60.

[116] 蒋芸杉, 徐鹏鹏, 傅晏. 基于信息生态理论的建设项目信息管理研究[J]. 项目管理技术, 2020, 18(3): 20-23.

[117] 黄松苗. 生态系统理念在海上风电项目管理中的应用研究[J]. 南方能源建设, 2018, 5(2): 143-148.

[118] 苏振民, 周梅, 葛镇东. 基于公私共生的公共工程采购模式[J]. 工程管理学报, 2010(2): 138-142.

[119] 申宇, 尹贻林, 李美. 基于生态网联盟的海绵城市项目全过程工程咨询运作研究[J]. 项目管理技术,

2021, 19(3): 52-56.

[120] 孙宝来. 商业生态圈模式对建筑企业总承包业务发展的启示[J]. 水电站设计, 2017, 33(3): 93-95.

[121] Pulkka L, Ristimäki M, Rajakallio K, et al. Applicability and benefits of the ecosystem concept in the construction industry[J]. Construction Management & Economics, 2016, 34(2): 1-16.

[122] 肖红军, 李平. 平台型企业社会责任的生态化治理[J]. 管理世界, 2019, 35(4): 120-144+196.

[123] 辛杰, 李丹丹. 企业生态系统社会责任互动的涵蕴与管理变革[J]. 商业经济与管理, 2016(1): 21-28.

[124] Grinnell J. The niche-relationships of the California thrasher[J]. The Auk, 1917, 34(4): 427-433.

[125] Elton C. Animal ecology[M]. New York: Macmillan, 1957.

[126] Elton C. Animal ecology[M]. Chicago: University of Chicago Press, 1927.

[127] Hutchinson G E. Concluding remarks[J]. Cold Spring Harbor Symposia on Quantitative, Biology, 1957, 22(2): 415-427.

[128] Hutchinson G E. Homage to santa rosalia or why are there so many kinds of animals?[J]. American Naturalist, 1959, 93(870): 145-159.

[129] Hannan M T, Freeman J. The population ecology of organizations[J]. American journal of sociology, 1977, 82(5): 929-964.

[130] Hannan M T. Structural inertia and organizational change[J]. American Sociological Review, 1984: 49(2): 149-164.

[131] Hannan M T, Freeman J. Organizational Ecology[M]. Cambridge: Harvard University Press, 1989.

[132] 夏训峰, 吴文良, 王静慧. 生态位概念在企业管理方面的应用[J]. 商业时代, 2003(13): 31-32.

[133] 闫安, 达庆利. 企业生态位及其能动性选择研究[J]. 东南大学学报 (哲学社会科学版), 2005, 7(1): 62-66.

[134] 许芳, 李建华. 企业生态位原理及模型研究[J]. 中国软科学, 2005(5): 130-139.

[135] 何郁冰, 伍静. 企业生态位对跨组织技术协同创新的影响研究[J]. 科学学研究, 2020, 38(6): 1108-1120.

[136] 朱瑞博, 刘志阳, 刘芸. 架构创新、生态位优化与后发企业的跨越式赶超——基于比亚迪、联发科、华为、振华重工创新实践的理论探索[J]. 管理世界, 2011(7): 69-97+188.

[137] Shipilov A V. Network strategies and performance of canadian investment banks[J]. Academy of Management Journal, 2006, 49(3): 590-604.

[138] Sorenson O, McEvily S, Ren C R, et al. Niche width revisited: Organizational scope, behavior and performance[J]. Strategic Management Journal, 2006, 27(10): 915-936.

[139] 王慧, 胡志华, 刘婵娟. "一带一路" 倡议下港口生态位的建模与比较——以上海港和新加坡港为例[J]. 中国航海, 2020, 43(1): 128-133+138.

[140] 郭妍, 徐向艺. 企业生态位研究综述: 概念、测度及战略运用[J]. 产业经济评论, 2009, 8(2): 105-119.

[141] Kasimoglu M, Hamarat B. Niche overlap-competition and homogeneity in the organizational clusters of hotel population[J]. Management Research News, 2003, 26(8): 60-77.

[142] 葛振忠, 梁嘉骅. 企业生态位与现代企业竞争[J]. 华东经济管理, 2004(2): 113-116.

[143] 刘和东, 陈洁. 创新系统生态位适宜度与经济高质量发展关系研究[J]. 科技进步与对策, 2021, 38(11): 1-9.

[144] 解学梅, 王宏伟, 唐海燕. 创新生态战略与创新效率关系: 基于创新生态网络视角[J]. 系统管理学报, 2020, 29(6): 1065-1077.

[145] 王子龙, 谭清美, 许箫迪. 基于生态位的集群企业协同进化模型研究[J]. 科学管理研究, 2005(5): 36-39.

[146] 祁顺生, 吉涛. 知识模块融合与企业生态位优化[J]. 财经论丛, 2017(8): 93-103.

[147] 张彦开, 王立志. 生态位理论及其对企业经营管理的启示[J]. 燕山大学学报(哲学社会科学版), 2003(2): 71-74.

[148] Baum J A C, Mezias S J. Localized competition and organizational failure in the Manhattan hotel industry, 1898-1990[J]. Administrative Science Quarterly, 1992, 37(4): 580-604.

[149] McPherson, J. Miller. Evolution in communities of voluntary organization[J]. in JitendraV. Singh, organizational Evolutionnew Directions, Newbury Park, CA: Sage, 224-245.

[150] 钱辉. 生态位、因子互动与企业演化[D]. 杭州: 浙江大学, 2005.

[151] 刘洪德, 史竹青. 企业成长环境的生态因子探析[J]. 贵州社会科学, 2008(5): 113-116.

[152] 吴新翼, 孙晓林. 企业进入商业生态系统的战略选择[J]. 企业改革与管理, 2010(6): 5-8.

[153] 王宇露. 企业生境及不同生境下企业成长的生态对策探讨[J]. 科技管理研究, 2008(6): 327-329.

[154] 胡成功. 生态位理论与我国知识经济发展方略[J]. 中国软科学, 2000(6): 120-124.

[155] 万伦来, 达庆利. 虚拟企业类生物机制及其生态位研究[J]. 东南大学学报 (哲学社会科学版), 2003(4): 59-65.

[156] 赵振宇, 汤超. 国际工程承包商生态位测度与分析——基于 ENR 国际承包商 250/225 强的实证研究[J]. 北京理工大学学报 (社会科学版), 2016, 18(1): 62-72.

[157] Yang H, Lu W S. Niche comparisons: Toward a new approach for analysing competition and organizational performance in the international construction market[J]. Construction Management & Economics, 2013, 31(4-6): 307-321.

[158] Yang H, Chan A P C, Yeung J F Y. Niche width, competitive positioning, and performance of international construction contractors (1992−2009)[J]. Journal of management in engineering, 2015, 31(3): 4014040. 1-11.

[159] 鲁娜, 林艺馨. 基于生态位理论的国际承包商竞争力研究[J]. 工程管理学报, 2013, 27(2): 109-113.

[160] 赵振宇, 郭小菱. 中国国际工程承包商市场集中度实证研究[J]. 建筑经济, 2017, 38(3): 8-14.

[161] 王文中, 王春晖. 中国企业环境保护合规风险防范机制与对策[J]. 生态经济, 2008(9): 56-58+67.

[162] 王志乐. 中国跨国公司需要强化合规经营[J]. 亚太经济, 2012(4): 103-109.

[163] 王志乐. 企业合规管理操作指南[M]. 北京: 中国法制出版社, 2017.

[164] Porter M E, Kramer M R. Strategy and society: The link between competitive advantage and corporate social responsibility[J]. Harvard Business Review, 2006, 84(12): 78-92.

[165] Murillo D, Lozano J M. SMEs and CSR: An approach to CSR in their own words[J]. Journal of Business Ethics, 2006, 67(3): 227-240.

[166] Carroll A B. A three-dimensional conceptual model of corporate social performance[J]. The Academy of Management Review, 1979, 4:497-506.

[167] 张兆国, 梁志钢, 尹开国. 利益相关者视角下企业社会责任问题研究[J]. 中国软科学, 2012(2): 139-146.

[168] 刘建秋, 盛梦雅. 战略性社会责任与企业可持续竞争优势[J]. 经济与管理评论, 2017, 33(1): 36-49.

[169] Colleoni E. CSR communication strategies for organizational legitimacy in social media[J]. Corporate Communications: An International Journal, 2013, 18(2): 228-248.

[170] Deegan C. Introduction the legitimising effect of social and environmental disclosures-a theoretical foundation[J]. Accounting Auditing & Accountability Journal, 2002, 15(3): 282-311.

[171] Suchman M C. Managing legitimacy: Strategic and institutional approaches[J]. Academy of Management Review, 1995, 20(3): 571-610.

[172] Scott W R. Institutions and Organizations[M]. Thousand Oaks, CA: Sage, 1995.

[173] Zimmerman M A, Zeitz G J. Beyond survival: Achieving new venture growth by building legitimacy[J]. Academy of Management Review, 2002, 27(3): 414-431.

[174] 周新. 涉罪企业合规不起诉制度重点问题研究[J]. 云南社会科学, 2022(2): 140-146.

[175] 陈瑞华. 企业合规制度的三个维度——比较法视野下的分析[J]. 比较法研究, 2019(3): 61-77.

[176] Aziz A A, Nor. Managing corporate risk and achieving internal control through statutory compliance[J]. Journal of Financial Crime, 2012, 20(1): 25-38.

[177] 许多奇. 论跨境数据流动规制企业双向合规的法治保障[J]. 东方法学, 2020(2): 185-197.

[178] 应兆祥. 加强金融企业涉外业务合规管理[J]. 中国金融, 2018(16): 44-45.

[179] 李本灿. 法治化营商环境建设的合规机制——以刑事合规为中心[J]. 法学研究, 2021, 43(1): 173-190.

[180] Gray W B, Shadbegian R J. When and why do plants comply? Paper mills in the 1980s[J]. Law & Policy, 2005, 27(2): 238-261.

[181] Zhao X, Qi Y. Why do firms obey? The state of regulatory compliance research in China[J]. Journal of Chinese Political Science, 2020, 25(1): 339–352.

[182] 龙小宁, 万威. 环境规制、企业利润率与合规成本规模异质性[J]. 中国工业经济, 2017(6): 155-174.

[183] Karplus V J, X Shen, D Zhang. Scaling compliance with coverage? Firm-level performance in China? Industrial Energy Conservation Program, MIT Joint Program on the In Science and Policy of Global Change[R]. 2016.

[184] 王宁. 内部控制质量与会计信息质量和经营合规性的关系研究[J]. 国际商务财会, 2016(7): 92-96.

[185] Winter S C, May P J. Motivation for compliance with environmental regulations[J]. Journal of Policy Analysis and Management, 2001, 20(4): 675-698.

[186] Parker C, Nielsen V L. Do businesses take compliance systems seriously? An empirical study of implementation of trade practices compliance systems in Australia[J]. Melbourne University Law Review, 2006, 30(2): 441-494.

[187] 李强, 揭筱纹. 商业生态系统网络核心企业价值评价研究——基于华为和中兴的对比分析[J]. 科技

进步与对策, 2012, 29(4): 110-114.

[188] Zhao Z Y, Xu K, Zuo J, et al. Developing the international construction contracting market: Enterprise niche approach[J]. Journal of Management in Engineering, 2017, 33(1): 04016027.

[189] Furnari S, Crilly D, Misangyi V F, et al. Capturing causal complexity: Heuristics for configurational theorizing[J]. Academy of Management Review, 2021, 46(4): 778-799.

[190] 杜运周, 贾良定. 组态视角与定性比较分析(QCA): 管理学研究的一条新道路[J]. 管理世界, 2017(6): 155-167.

[191] 傅首清. 区域创新网络与科技产业生态环境互动机制研究——以中关村海淀科技园区为例[J]. 管理世界, 2010(6): 8-13+27.

[192] Faleye O, Kovacs T, Venkateswaran A. Do better-connected CEOs innovate more?[J]. Social Science Electronic Publishing, 2014, 49(5-6): 1201-1225.

[193] 宋灿, 侯欣裕. 股权网络结构对企业创新的影响: 基于知识溢出效应的理论分析与实证检验[J]. 现代财经 (天津财经大学学报) , 2021, 41(11): 19-38.

[194] 夏清华, 陈超. 商业生态系统 "5C 模型" 与未来研究拓展[J]. 经济管理, 2015, 37(10): 22-30.

[195] Teece D J. Profiting from innovation in the digital economy: Enabling technologies, standards, and licensing models in the wireless world[J]. Research Policy, 2018, 47(8): 1367-1387.

[196] Lehtinen J, Peltokorpi A, Artto K. Megaprojects as organizational platforms and technology platforms for value creation[J]. International Journal of Project Management, 2019, 37(1): 43-58.

[197] Laursen M. Project networks as constellations for value creation[J]. Project Management Journal, 2018, 49(2): 56-70.

[198] 张夏恒. 跨境电子商务生态系统构建机理与实施路径[J]. 当代经济管理, 2021, 43(7): 55-60.

[199] 夏清华, 李轩. 乐视和小米公司商业生态构建逻辑的比较研究[J]. 江苏大学学报 (社会科学版) , 2018, 20(2): 44-54.

[200] 刘静, 解茹玉. 创新生态系统: 概念差异、根源与再探讨[J]. 科技管理研究, 2020, 40(20): 8-14.

[201] 刘林青, 雷昊, 谭力文. 从商品主导逻辑到服务主导逻辑——以苹果公司为例[J]. 中国工业经济, 2010(9): 57-66.

[202] 薛楠, 齐严. 雄安新区创新生态系统构建[J]. 中国流通经济, 2019, 33(7): 116-126.

[203] 武建龙, 刘家洋. 新能源汽车创新生态系统演进风险及应对策略——以比亚迪新能源汽车为例[J]. 科技进步与对策, 2016, 33(3): 72-77.

[204] Teece D J. Explicating dynamic capabilities: The nature and microfoundations of (sustainable) enterprise performance[J]. Strategic Management Journal, 2010, 28(13): 1319-1350.

[205] Miles M B, Huberman A M. Qualitative Data Analysis: An Expanded Sourcebook[M]. London: Sage Publications, 1994: 36-37.

[206] 白长虹, 刘春华. 基于扎根理论的海尔、华为公司国际化战略案例相似性对比研究[J]. 科研管理, 2014, 35(3): 99-107.

[207] 顾力刚, 蓝莹, 谢莉. 企业生态位视角的商业生态系统稳定性研究[J]. 工业技术经济, 2016, 35(5): 148-155.

[208] 范黎波, 林琪. 平台企业资源管理能力构建及演化路径——基于资源理论的双案例研究[J]. 经济管理, 2020, 42(9): 49-63.

[209] Sirmon D G, Hitt M A. Managing firm resources in dynamic environments to create value: Looking inside the black box[J]. Academy of Management Review, 2007, 32(1): 273-292.

[210] 谢秋华, 刘潇. 平台型企业如何重塑商业生态系统?——基于资源编排理论的纵向案例研究[J]. 科技管理研究, 2021, 41(20): 131-143.

[211] 董保宝, 葛宝山. 新创企业资源整合过程与动态能力关系研究[J]. 科研管理, 2012, 33(2): 107-114.

[212] 赵振宇, 于英姿. 国际工程承包龙头企业如何提升动态能力[J]. 施工企业管理, 2017(1): 115-118.

[213] 张化尧, 薛珂, 徐敏赛, 等. 商业孵化型平台生态系统的价值共创机制: 小米案例[J]. 科研管理, 2021, 42(3): 71-79.

[214] Hatush Z, Skitmore M. Criteria for contractor selection[J]. Construction Management and Economics, 1997, 15(1): 19-38.

[215] 李启明, 谭永涛, 张二伟. 建筑企业竞争力评价指标体系实证研究[J]. 东南大学学报 (自然科学版), 2003, 33(5): 652-655.

[216] Shen L Y, Lu W S, Shen Q P, et al. A computer-aided decision support system for assessing a contractor's competitiveness[J]. Automation in Construction, 2003, 12(5): 577-587.

[217] 李小冬, 关柯, 赖熹. 大型承包商国际竞争力的综合评价及其模拟分析[J]. 哈尔滨工业大学学报, 2004, 36(10): 1354-1357.

[218] Shen L Y, Lu W S, Yam M. Contractor key competitiveness indicators: A China study[J]. Journal of Construction Engineering & Management, 2006, 132(4): 416-424.

[219] Tan Y T, Shen L Y, Yam M C H, et al. Contractor key competitiveness indicators (KCIs): A Hong Kong study[J]. Surveying and Built Environment, 2007, 18(2): 33-46.

[220] Zhao Z Y, Shen L Y. Are Chinese contractors competitive in international markets?[J]. Construction Management and Economics, 2008, 26(3): 225-236.

[221] 孟延春, 徐银槚. 大型建筑企业多元化经营与盈利能力的关系——基于日本大型建筑企业的实证分析[J]. 经济界, 2021(2): 64-72.

[222] 张进财, 左小德. 企业竞争力评价指标体系的构建[J]. 管理世界, 2013(10): 172-173.

[223] 赵振宇, 高洁. 国际工程承包企业可持续成长能力构建及指标体系研究[J]. 工程管理学报, 2015, 29(2): 153-158.

[224] 黄江明, 丁玲, 崔争艳. 企业生态位构筑商业生态竞争优势: 宇通和北汽案例比较[J]. 管理评论, 2016, 28(5): 220-231.

[225] 李玉杰. 企业竞争: 企业生态位视角[J]. 商场现代化, 2007(28): 184-185.

[226] 万伦来. 企业生态位及其评价方法研究[J]. 中国软科学, 2004(1): 73-78.

[227] 王发明, 杨文骏. 产业技术创新联盟共生演化过程研究: 领导企业视角[J]. 科技进步与对策, 2017, 34(5): 58-65.

[228] 王发明, 彭长虹. 中小企业及新创企业与创新生态系统领导企业合作意愿博弈分析[J]. 科技进步与对策, 2017, 34(23): 121-125.

生态系统视角下中国对外承包工程企业合规的形成及溢出

[229] 陈瑜, 谢富纪, 于晓宇, 等. 战略性新兴产业生态位演化的影响因素及路径选择[J]. 系统管理学报, 2018, 27(3): 414-421+451.

[230] 邢以群, 吴征. 从企业生态位看技术变迁对企业发展的影响[J]. 科学学研究, 2005, 23(4): 495-499.

[231] Luksha P. Niche construction: The process of opportunity creation in the environment[J]. Strategic Entrepreneurship Journal, 2008, 2(4): 269-283.

[232] Hanna R, Rohm A, Crittenden V L. We're all connected: The power of the social media ecosystem[J]. Business Horizons, 2011, 54(3): 265-273.

[233] Gambardella A, Raasch C, Hippel E V. The user innovation paradigm: Impacts on markets and welfare[J]. Management Science, 2014, 63(5), 1450-1468.

[234] 潘松挺, 杨大鹏. 企业生态圈战略选择与生态优势构建[J]. 科技进步与对策, 2017, 34(21): 80-87.

[235] 廖建文, 崔之瑜. 企业优势矩阵: 竞争 vs 生态[J]. 哈佛商业评论, 2016(7): 111-118.

[236] 张镒, 刘人怀, 陈海权. 商业生态圈中平台企业生态优势形成路径——基于京东的纵向案例研究[J]. 经济与管理研究, 2018, 39(9): 114-124.

[237] 蔡宁, 王节祥, 杨大鹏. 产业融合背景下平台包络战略选择与竞争优势构建——基于浙报传媒的案例研究[J]. 中国工业经济, 2015(5): 96-109.

[238] 徐鹏杰. 互联网时代下企业竞争范式的转变: 从竞争优势到生态优势——以韩都衣舍为例[J]. 中国人力资源开发, 2017(5): 6, 104-109.

[239] Cennamo C, Santalo J. Platform competition: Strategic trade-offs in platform markets[J]. Strategic Management Journal, 2013, 34(11): 1331-1350.

[240] Abbott K W, Green J F, Keohane R O. Organizational ecology and institutional change in global governance[J]. International Organization, 2016, 70(2): 247-277.

[241] 李然忠, 刘德胜, 谢明磊. 基于 IP 资源的商业生态优势构建——Disney 商业生态系统案例分析[J]. 山东社会科学, 2020, 6(11): 175-180.

[242] 周小虎, 俞圆圆, 毕轲. 基于公司创业视角的核心企业生态优势构建[J]. 经济与管理研究, 2017, 38(10): 136-144.

[243] 栾甫贵, 赵爱玲, 胡会林. 企业持续经营能力指数的构建及应用[J]. 财会月刊, 2021(18): 19-28.

[244] 马德隆. "一带一路" 交通基础设施投融资机制研究[J]. 宏观经济管理, 2020(10): 56-63.

[245] 冯银虎, 王世铎, 纪祥勋. 基于熵权-TOPSIS 模型的煤炭上市企业技术创新能力评价研究[J]. 中国矿业, 2020, 29(11): 43-49.

[246] 张志鑫, 闫世玲. 双循环新发展格局与中国企业技术创新[J]. 西南大学学报(社会科学版), 2022, 48(1): 113-122.

[247] 陈道兵. 技术创新能力与我国海外工程承包竞争力分析[J]. 石油和化工设备, 2010, 13(11): 71-73.

[248] 樊钱涛, 谢光毅. 企业国际化程度、国际化经验与绩效的研究——基于国际化经验门槛效应的实证分析[J]. 浙江科技学院学报, 2021, 33(4): 283-290.

[249] Hsu C W, Lien Y C, Chen H. R&D internationalization and innovation performance[J]. International Business Review, 2015, 24(2): 187.

[250] 王雁南, 李自杰, 张般若. "一带一路" 下跨国企业社会责任的影响因素及机制[J]. 经济问题,

2020(10): 82-90.

[251] 张楠, 吴先明. 出口行为、企业规模与新创企业生存危险期[J]. 国际贸易问题, 2020(5): 42-56.

[252] 王正位, 李天一, 廖理, 等. 疫情冲击下中小微企业的现状及纾困举措——来自企业经营大数据的证据[J]. 数量经济技术经济研究, 2020, 37(8): 3-23.

[253] 王幼松, 李雅坤, 闫辉. 建筑业上市国有和民营企业竞争力比较研究[J]. 工程管理学报, 2020, 34(2): 16-20.

[254] 马卫华, 刘善敏, 叶衡, 等. 创新驱动发展战略实施效果评估——来自高新技术企业的证据[J]. 科技管理研究, 2021, 41(17): 1-11.

[255] 程晨, 李宛蓉, 袁媛. 家族企业的文化传承: 起源对社会责任履行的影响研究[J]. 管理评论, 2021, 33(9): 1-13.

[256] 陈志军, 闵亦杰. 家族控制与企业社会责任: 基于社会情感财富理论的解释[J]. 经济管理, 2015, 37(4): 42-50.

[257] Drewer S. A perspective of the international construction system[J]. Habitat International, 2001, 25(1): 69-79.

[258] Skaaning S E. Assessing the robustness of crisp-set and fuzzy-set QCA results[J]. Sociological Methods & Research, 2011, 40(2): 391-408.

[259] Ragin C C, Fiss P C. Redesigning social inquiry: Fuzzy sets and beyond[M]. Chicago: University of Chicago Press, 2008.

[260] 张明, 杜运周. 组织与管理研究中 QCA 方法的应用: 定位、策略和方向[J]. 管理学报, 2019, 16(9): 1312-1323.

[261] Sorenson O, Stuart T E. Syndication networks and the spatial distribution of venture capital investments[J]. American Journal of Sociology, 2001, 106(6): 1546-1588.

[262] Ozmel U, Reuer J J, Gulati R. Signals across multiple networks: How venture capital and alliance networks affect interorganizational collaboration[J]. Academy of Management Journal, 2013, 56(3): 852-866.

[263] 朱丽, 柳卸林, 刘超, 等. 高管社会资本, 企业网络位置和创新能力——"声望"和"权力"的中介[J]. 科学学与科学技术管理, 2017(6): 94-109.

[264] Podolny J M. A status-based model of market competition[J]. American Journal of Sociology, 1993, 98(4): 829-872.

[265] Rowley T, Behrens D, Krackhardt D. Redundant governance structures: An analysis of structural and relational embeddedness in the steel and semiconductor industries[J]. Strategic Management Journal, 2000, 21(3): 369-386.

[266] Burt R S. Structural holes: The social structure of competition[M]. Boston: Harvard University Press, 1995.

[267] Koka B R, Prescott J E. Designing alliance networks: The influence of network position, environmental change, and strategy on firm performance[J]. Strategic Management Journal, 2008, 29(6): 639-661.

[268] 蒋天颖, 孙伟. 网络位置、技术学习与集群企业创新绩效——基于对绍兴纺织产业集群的实证考察[J]. 经济地理, 2012, 32(7): 87-92+106.

[269] 舒昌俊, 方俊, 官波. 嵌入社会网络的工程项目内部知识转移研究[J]. 科技进步与对策, 2012, 29(18): 53-57.

[270] 吴福象, 蒋天颖, 孙伟. 网络位置、知识转移对集群企业竞争优势的影响——一项基于对温州乐清低压电器产业集群的实证研究[J]. 科研管理, 2013, 34(12): 48-57.

[271] 辛杰. 企业生态系统社会责任互动: 内涵、治理、内化与实现[J]. 经济管理, 2015, 37(8): 189-199.

[272] Echols A, Tsai W. Niche and performance: The moderating role of network embeddedness[J]. Strategic Management Journal, 2010, 26(3): 219-238.

[273] Stekelorum R. The roles of SMEs in implementing CSR in supply chains: A systematic literature review[J]. International Journal of Logistics, 2019(3): 1-26.

[274] Welch C, Wilkinson I. Network perspectives on interfirm conflict: Reassessing a critical case in international business[J]. Journal of Business Research, 2005, 58(2): 205-213.

[275] 黄中伟, 游锡火. 社会网络、组织合法与中国企业国际化绩效——来自 122 家中国企业海外子公司的实证[J]. 经济管理, 2010, 32(8): 38-48.

[276] 胥思齐, 席酉民. 社会企业竞合活动及其合法性演进研究[J]. 南开管理评论, 2018, 21(6): 156-170.

[277] 李一萌, 曹锦秋. 电商新纪元背景下平台经营者合规路径初探[J]. 哈尔滨学院学报, 2021, 42(5): 68-71.

[278] 朱孝清. 企业合规中的若干疑难问题[J]. 法治研究, 2021(5): 3-17.

[279] 刘娜. 产品竞争地位、权益融资成本与内部控制信息披露[J]. 燕山大学学报(哲学社会科学版), 2021, 22(6): 91-96.

[280] Chen Y S, Lei H S, Hsu W C. A Study on the sustainable development strategy of firms: Niche and social network theory[J]. Sustainability, 2019, 11(9): 2593.

[281] Guiso L, Sapienza P, Zingales L. The role of social capital in financial development[J]. The American Economic Review, 2004, 94(3): 526−556.

[282] Morgeson F P, Aguinis H, Waldman D A, et al. Extending corporate social responsibility research to the human resource management and organizational behavior domains: A look to the future[J]. Personnel Psychology, 2013, 66(4): 805-824.

[283] Wang S L, Li D. Responding to public disclosure of corporate social irresponsibility in host countries: Information control and ownership control[J]. Journal of International Business Studies, 2019, 50(8): 1283-1309.

[284] 王玉, 王鹏程, 王健, 等. 新疆上市公司市场竞争对社会责任信息披露质量的影响[J]. 合作经济与科技, 2022(2): 80-82.

[285] 滕飞, 辛宇, 顾小龙. 产品市场竞争与上市公司违规[J]. 会计研究, 2016(9): 32-40.

[286] 李新春, 陈斌. 企业群体性败德行为与管制失效——对产品质量安全与监管的制度分析[J]. 经济研究, 2013, 48(10): 98-111+123.

[287] Brass D J, Butterfield K D, Skaggs B C. Relationships and unethical behavior: A social network perspective[J]. The Academy of Management Review, 1998, 23(1): 14-31.

[288] 袁靖波, 周志民, 周南. 产品市场竞争、市场分割与企业违规行为[J]. 管理工程学报, 2021, 35(4): 81-92.

[289] 蒋其发. 建筑企业低价投标的原理与治理[J]. 华北电力大学学报(社会科学版), 2013(4): 25-30.

[290] Kilduff G J, Galinsky A, Gallo E, et al. Whatever it takes to win: Rivalry increase unethical behavior[J]. Academy of Management Journal, 2016, 59(5): 1508-1534.

[291] 王兴钊. 合规赋能国际工程承包企业高质量发展[J]. 项目管理评论, 2021(5): 10-14+9.

[292] 胡国辉. 企业合规概论[M]. 北京: 电子工业出版社, 2018.

[293] 叶长春. 企业合规要求应当因企而异的经济分析[J]. 肇庆学院学报, 2021, 42(1): 29-33+41.

[294] 夏海鹰. 成本, 风险对腐败发生率的影响与教育对策探究[J]. 西南大学学报: 社会科学版, 2015, 41(1): 87-92.

[295] 乌云娜, 杨益晟, 冯天天, 等. 基于前景理论的政府投资代建项目合谋监管威慑模型研究[J]. 管理工程学报, 2013, 27(2): 168-176.

[296] 黄溶冰. 国家审计的威慑性、回应性和预防性的协同效应[J]. 系统管理学报, 2017, 26(1): 28-34.

[297] 张啸然. 腐败根源探究——"有限理性" 的视角[J]. 法制与社会, 2012(4): 178-179+183.

[298] 李中良, 毕宪顺. 从离身到具身: 刑罚威慑认知视野的转向[J]. 自然辩证法通讯, 2018, 40(9): 121-128.

[299] Kwan L Y Y. Anger and perception of unfairness and harm: Cultural differences in normative processes that justify sanction assignment[J]. Asian Journal of Social Psychology, 2016, 19(1): 6-15.

[300] Ruigrok W, Amann W, Wagner H. The internationalization-performance relationship at Swiss firms: A test of the S-shape and extreme degrees of internationalization[J]. Management International Review, 2007, 47(3): 349-368.

[301] Anwar S, Loughran T A. Testing a bayesian learning theory of deterrence among serious juvenile offenders[J]. Criminology, 2011, 49(3): 667-698.

[302] Abdullah N S, Indulska M, Sadiq S. Compliance management ontology-a shared conceptualization for research and practice in compliance management[J]. Information Systems Frontiers, 2016, 18(5): 1-26.

[303] Mckee D. An organization learning approach to product innovation[J]. Journal of Product Innovation Management, 1992(9): 232-245.

[304] Tsai W, Ghoshal S. Social capital and value creation: The role of intrafirm networks[J]. Academy of Management Journal, 1998, 41(4): 464-476.

[305] Li L. The effects of trust and shared vision on inward knowledge transfer in subsidiaries' intra- and inter-organizational relationships[J]. International Business Review, 2005, 14(1): 77-95.

[306] Inkpen A C. Knowledge transfer and international joint ventures: The case of NUMMI and General Motors[J]. Strategic Management Journal, 2008, 29(4): 447-453.

[307] Hung W H, Ho C F, Jou J J, et al. Relationship bonding for a better knowledge transfer climate: An ERP implementation research[J]. Decision Support Systems, 2012, 52(2): 406-414.

[308] 李林蔚, 蔡虹, 郑志清. 战略联盟中的知识转移过程研究: 共同愿景的调节效应[J]. 科学学与科学技术管理, 2014, 35(8): 29-38.

[309] 贾生华, 郑海东. 企业社会责任: 从单一视角到协同视角[J]. 浙江大学学报 (人文社会科学版) , 2007(2): 79-87.

[310] 任腾, 贾彬彬, 许洪波, 等. 湘江流域生态环境多元共治机制及路径研究[J]. 中南林业科技大学学

报 (社会科学版) , 2021, 15(5): 47-52.

[311] 文宏, 林仁镇. 多元如何共治: 新时代基层社会治理共同体构建的现实图景——基于东莞市横沥镇的考察[J]. 理论探讨, 2022(1): 62-69.

[312] 褚汉, 陈晓玲. 食品安全治理从一元监管到社会共治监管: 困境的破解与应对[J]. 蚌埠学院学报, 2021, 10(6): 61-65.

[313] 叶继红. 高校科研诚信治理: 主体嵌入、多维致因与多元共治[J]. 山东科技大学学报 (社会科学版) , 2021, 23(4): 111-120.

[314] 沈国琪, 张可可. 失序到多元共治: 共享单车违规使用的影响因素及其对策[J]. 湖州师范学院学报, 2019, 41(1): 61-67.

[315] 李翠, 王爱敏, 倪渊. 基于生态位理论的企业协同创新伙伴选择研究[J]. 北京城市学院学报, 2018(4): 41-47.

[316] 林润辉, 谢宗晓, 吴波, 等. 处罚对信息安全策略遵守的影响研究——威慑理论与理性选择理论的整合视角[J]. 南开管理评论, 2015, 18(4): 151-160.

[317] 张振刚, 张易, 李云健, 等. 管理创新、共同愿景与市场绩效关系研究[J]. 科技进步与对策, 2016, 33(4): 1-6.

[318] Park B I, Hong S J, Xiao S S. Institutional pressure and MNC compliance to prevent bribery: Empirical examinations in South Korea and China[J]. Asian Business & Management, 2021: 1-34.

[319] Liu N, Lo W H, Zhan X Y. Regulatory ties and corporate compliance strategies[J]. Public Performance & Management Review, 2018, 42(1): 1-26.

[320] Hair J F, Black W C, Babin B J, et al. Multivariate Data Analysis, sixth ed[M]. Prentice-Hall, New Jersey, 2006.

[321] 肖小虹, 田庆宏, 王站杰. 利益相关者环保导向能促进绿色创新吗?——一个被调节的中介效应模型[J]. 科研管理, 2021, 42(12): 159-166.

[322] 温忠麟, 叶宝娟. 中介效应分析方法和模型发展[J]. 心理科学进展, 2014, 22(5): 731-745.

[323] 陈建青, 王擎, 许韶辉. 金融行业间的系统性金融风险溢出效应研究[J]. 数量经济技术经济研究, 2015, 32(9): 89-100.

[324] 张庆君, 马红亮. 上市公司债务违约对商业银行的风险溢出效应研究[J]. 安徽师范大学学报 (人文社会科学版) , 2021, 49(1): 117-126.

[325] 陈金梅, 赵海山. 高新技术产业集群网络关系治理效应研究[J]. 科学学与科学技术管理, 2011, 32(6): 154-158.

[326] 许倩, 曹兴. 新兴技术企业创新网络知识协同演化的机制研究[J]. 中国科技论坛, 2019(11): 85-92+112.

[327] 黄杰. 中国工业技术创新的行业间溢出效应分析[J]. 统计与决策, 2018, 34(11): 119-123.

[328] 刘计含, 王建琼. 基于社会网络视角的企业社会责任行为相似性研究[J]. 中国管理科学, 2016, 24(9): 115-123.

[329] 刘柏, 卢家锐. "顺应潮流" 还是 "投机取巧": 企业社会责任的传染机制研究[J]. 南开管理评论, 2018, 21(4): 182-194.

[330] Harness D, Ranaweera C, Karjaluoto H, et al. The role of negative and positive forms of power in supporting CSR alignment and commitment between large firms and SMEs[J]. Industrial Marketing Management, 2018, 75(11): 17-30.

[331] 李雷, 刘博. 生态型企业的合法性溢出战略——小米公司纵向案例研究[J]. 管理学报, 2020, 17(8): 1117-1129.

[332] 李浩. 社会资本视角下的网络知识管理框架及进展研究[J]. 管理世界, 2012(3): 158-169.

[333] Greve H R, Rao H. If It doesn't kill you: Learning from ecological competition[J]. Advances in Strategic Management, 2006, 23: 243-271.

[334] 胡平波. 网络组织中知识共享效率评价指标体系的建设[J]. 情报杂志, 2009, 28(1): 68-71.

[335] Govindarajan V, Bagla G. What U. S. CEOs can learn from GM's India failure[J]. Harvard Business Review, 2017, 6-15.

[336] Yamakawa Y, Peng M W, Deeds D L. Rising from the ashes: Cognitive determinants of venture growth after entrepreneurial failure[J]. Entrepreneurship Theory and Practice, 2015, 39(2): 209-236.

[337] Mcclory S, Read M, Labib A. Conceptualising the lessons-learned process in project management: Towards a triple-loop learning framework[J]. International Journal of Project Management, 2017, 35(7): 1322-1335.

[338] Peteraf M, Shanley M. Getting to know you: A theory of strategic group identit[J]. Strategic Management Journal, 1997, 18: 165-186.

[339] Su C, Kong L, Ciabuschi F, et al. Demand and willingness for knowledge transfer in springboard subsidiaries of Chinese multinationals[J]. Journal of Business Research, 2020, 109: 297-309.

[340] Iang G F, Holburn G L F, Beamish P W. The impact of vicarious experience on foreign location strategy[J]. Journal of International Management, 2014, 20 (3): 345-358

[341] Cohen W M, Levinthal D A. Absorptive capacity: A new perspective on learning and innovation[J]. Administrative Science Quarterly, 1990, 35(1): 128-152.

[342] Kotabe M, Kothari T. Emerging market multinational companies evolutionary paths to building a competitive advantage from emerging markets to developed countries[J]. Journal of World Business, 2016, 51(5): 729-743.

[343] Bandura A. Social-learning theory of identificatory processes[J]. Goslin DA, ed. Handbook of Socialization Theory and Research (Rand McNally, Chicago), 1969, 213-262.

[344] Yiu D W, Xu Y H, Wan W P. The Deterrence effects of vicarious punishments on corporate financial fraud[J]. Organization Science, 2014, 25(5): 1549-1571.

[345] Daphne W Yiu, Yuehua Xu, William P. Wan The Deterrence Effects of Vicarious Punishments on Corporate Financial Fraud[J]. Organization Science, 2014, 25(5): 1549-1571.

[346] Zimring F, Hawkins G. Deterrence: The legal threat in crime control[M]. Chicago: University of Chicago Press, 1973.

[347] Trilling C, Gibbs J P. Crime, punishment, and deterrence[J]. Journal of Criminal Law and Criminology, 1976, 67(2): 254-268.

[348] Surprenant C W. Policing and punishment for profit[J]. Journal of Business Ethics, 2019, 159: 119-131.

[349] Neale N R, Butterfield K D, Goodstein J, et al. Managers' restorative versus punitive responses to employee

wrongdoing: A qualitative investigation[J]. Journal of Business Ethics, 2020, 161(3): 603-625.

[350] Trope Y, Liberman N. Construal-level theory of psychological distance[J]. Psychological Review, 2010, 117(2): 440-463.

[351] Liberman N, Trope Y. The psychology of transcending the here and now[J]. Science, 2008, 322(5905): 1201-1205.

[352] Liberman N, Förster J. The effect of psychological distance on perceptual level of construal[J]. Cognitive Science, 2009, 33(7): 1330-1341.

[353] Carmi N, Kimhi S. Further than the eye can see: Psychological distance and perception of environmental threats[J]. Human & Ecological Risk Assessment An International Journal, 2015, 21(7-8): 2239-2257.

[354] Mell J N N, Dechurch L, Contractor N, et al. Identity asymmetries: An experimental investigation of social identity and information exchange in multiteam systems[J]. Academy of Management Journal. 2019, 63(5): 1561-1590.

[355] Trapczynski P, Banalieva E R. Institutional difference, organizational experience, and foreign affiliate performance: Evidence from polish firms[J]. Journal of World Business, 2016, 51(5): 826-842.

[356] Wang C, Rodan S, Fruin M, et al. Knowledge networks, collaboration networks, and exploratory innovation[J]. Academy of Management Journal, 2014, 57(2): 484-514.

[357] Laehdesmaeki M, Suutari T. Keeping at arm's length or searching for social proximity? Corporate social responsibility as a reciprocal process between small businesses and the local community[J]. Journal of Business Ethics, 2012, 108(4): 481-493.

[358] Haas M R, Hansen M T. Different knowledge, different benefits: Toward a productivity perspective on knowledge sharing in organizations[J]. Strategic Management Journal, 2007, 28(11): 1133-1153.

[359] Yildiz H E, Fey C F. Compatibility and unlearning in knowledge transfer in mergers and acquisitions[J]. Scandinavian Journal of Management, 2010, 26(4): 448-456.

[360] Han J, Jo G S, Kang J. Is high-quality knowledge always beneficial? Knowledge overlap and innovation performance in technological mergers and acquisitions[J]. Journal of Management and Organization, 2018, 24(2): 258-278.

[361] Ho H, Ganesan S. Does knowledge base compatibility help or hurt knowledge sharing between suppliers in competition? The role of customer participation[J]. Journal of Marketing, 2013, 77(6): 91-107.

[362] Terlaak A, Gong Y. Vicarious learning and inferential accuracy in adoption processes[J]. Academy of Management Review, 2008, 33(4): 846-868.

[363] Berry H. Internationalizing firm innovations: The influence of multimarket overlap in knowledge activities[J]. Journal of International Business Studies, 2019, 51(6): 963-985.

[364] Mciver D, Lengnick-Hall C, Lengnick-Hall M, et al. Integrating knowledge and knowing: A framework for understanding knowledge-in-practice[J]. Human Resource Management Review, 2012, 22(2): 86-99.

[365] Bovee M, Srivastava R. A conceptual framework and belief-function approach to assessing overall information quality[J]. International Journal of Intelligent Systems, 2010, 18(1): 51-74

[366] 李丹, 杨建君, 赵璐. 企业间知识库兼容性、知识转移与企业知识创造绩效: 双边关系质量的调节机制[J]. 科技进步与对策, 2020, 37(5): 141-150.

[367] Dau, L. A. Contextualizing international learning: The moderating effects of mode of entry and subsidiary networks on the relationship between reforms and profitability[J]. Journal of World Business, 2016, 53(3): 403-414.

[368] Tan D, Meyer K E. Country-of-origin and industry FDI agglomeration of foreign investors in an emerging economy[J]. Journal of International Business Studies, 2011, 42(4): 504-520.

[369] Morgeson F P, Mitchell T R, Liu D. Event system theory: An event-oriented approach to the organizational sciences[J]. Academy of Management Review, 2015, 40(4): 515-537.

[370] Morgeson F P. The external leadership of self-managing teams: Intervening in the context of novel and disruptive events[J]. Journal of Applied Psychology, 2005, 90(3): 497-508.

[371] Hardy J, Day E A, Arthur W J. Exploration-exploitation tradeoffs and information-knowledge gaps in self-regulated learning: Implications for learner-controlled training and development[J]. Human Resource Management Review, 2019, 29(2): 196-217.

[372] Shao J. The moderating effect of program context on the relationship between program managers' leadership competences and program success[J]. International Journal of Project Management, 2017, 36(1): 108-120.

[373] Loe T W, Mansfield F P. A review of empirical studies assessing ethical decision making in business[J]. Journal of Business Ethics, 2000, 25(3): 185-204.

[374] Tsang E W K. Acquiring knowledge by foreign partners from international joint ventures in a transition economy: Learning-by-doing and learning myopia[J]. Strategic Management Journal, 2002, 23(9): 835-854.

[375] Meade A W, Craig S B. Identifying careless responses in survey data[J]. Psychological Methods, 2012, 17(3): 437-55.

[376] Helgeson V S, Vleet M V. Short report: Inclusion of other in the self scale: An adaptation and exploration in a diverse community sample[J]. Journal of Social and Personal Relationships, 2019, 36(11-12): 4048-4056.

[377] Martin C, Czellar S. The extended inclusion of nature in self scale[J]. Journal of Environmental Psychology, 2016, 47(9): 181-194.

[378] Wong P S P, Cheung S O. An analysis of the relationship between learning behaviour and performance improvement of contracting organizations[J]. International Journal of Project Management, 2008, 26(2): 112-123.

[379] Cummings J L, Teng B S. Transferring R&D knowledge: The key factors affecting knowledge transfer success[J]. Journal of Engineering and Technology Management, 2003, 20(1/2): 39-68.

[380] Kontinen T, Ojala A. Network ties in the international opportunity recognition of family SMEs[J]. International Business Review, 2011, 20(4): 440-453.

[381] Zolin R, Kuckertz A, Kautonen T. Human resource flexibility and strong ties in entrepreneurial teams[J]. Journal of Business Research, 2011, 64(10): 1097-1103.

[382] Andranik T, Mari S, Isabell W. Ethical leadership evaluations after moral transgression: Social distance makes the difference[J]. Journal of Business Ethics, 2011, 99(4): 609-622.

[383] Jones T M. Ethical decision making by individuals in organizations: An issue-contingent model[J].

Academy of Management Review, 1991, 16: 366-395.

[384] Tumasjan A, Strobel M, Welpe I. Ethical leadership evaluations after moral transgression: Social distance makes the difference[J]. Journal of Business Ethics, 2011, 99(4): 609-622.

[385] Skitka L J, Bauman C W, Sargis E G. Moral conviction: Another contributor to attitude strength or something more?[J]. Journal of Personality and Social Psychology, 2005, 88(6): 895-917.

[386] Wright M, Mosey S. From human capital to social capital: A longitudinal study of technology-based academic entrepreneurs[J]. Entrepreneurship Theory and Practice, 2010, 31(6): 909-935.

[387] Hamel G. Competition for competence and interpartner learning within international strategic alliances[J]. Strategic Management Journal, 2010, 12(S1): 83-103.

[388] Inkpen A C. Learning through joint ventures: A framework of knowledge acquisition[J]. Journal of Management Studies, 2010, 37(7): 1019-1044.

[389] Srivastav M K, Gnyawali D R. When do relational resources matter? Leveraging portfolio technological resources for breakthrough innovation[J]. Academy of Management Journal, 2011, 54(4): 797-810.

[390] Hargadon A B. Firms as knowledge brokers: Lessons in pursuing continuous innovation[J]. California Management Review, 1998, 40(3): 209-227.

[391] Howells J. Intermediation and the role of intermediaries in innovation[J]. Research Policy, 2006, 35(5): 715-728.

[392] Stuart I F. The influence of organizational culture and internal politics on new service design and introduction[J]. International Journal of Service Industry Management, 1998, 9(5): 469-485.

[393] Cope J. Entrepreneurial learning and critical reflection discontinuous events as triggers for "higher-level" learning[J]. Management Learning, 2003, 34(34): 429-450.

[394] Cope J, Watts G. Learning by doing-an exploration of experience, critical incidents and reflection in entrepreneurial learning[J]. International Journal of Entrepreneurial Behaviour and Research, 2000, 6(3): 104-124.

[395] Garud R, Dunbar R L M, Bartel C A. Dealing with unusual experiences: A narrative perspective on organizational learning[J]. Organization Science, 2011, 22(3): 587-601.